气排球运动与方法

刘智华　主编

吉林大学出版社

长春

图书在版编目（CIP）数据

气排球运动与方法 / 刘智华主编. ——长春：吉林大
学出版社，2019.6
ISBN 978-7-5692-5385-6

Ⅰ.①气… Ⅱ.①刘… Ⅲ.①排球运动－运动训练－
研究 Ⅳ.① G842.2

中国版本图书馆 CIP 数据核字 (2019) 第 183314 号

书　名：气排球运动与方法

QIPAIQIU YUNDONG YU FANGFA

作　　者：刘智华　主编
策划编辑：朱　进
责任编辑：朱　进
责任校对：王　蕾
装帧设计：童慧燕
出版发行：吉林大学出版社
社　　址：长春市人民大街 4059 号
邮政编码：130021
发行电话：0431-89580028/29/21
网　　址：http://www.jlup.com.cn
电子邮箱：jdcbs@jlu.edu.cn
印　　刷：三河市嵩川印刷有限公司
开　　本：787mm×1092mm　　1/16
印　　张：11.5
字　　数：180 千字
版　　次：2019 年 6 月第 1 版
印　　次：2023 年 9 月第 2 次
书　　号：ISBN 978-7-5692-5385-6
定　　价：46.00 元

《气排球运动与方法》
编写组

主　编：刘智华

编　委：牛　奔　王　峰　李俊伯　张冠男

　　　　陈奕源　姜　喆　胡海栋　韩　东

　　　　谭世文（按姓氏笔画排序）

摄　影：王慧岩

前　言

　　气排球运动是由我国呼和浩特铁路局济宁分局离退休职工于 20 世纪 80 年代在娱乐中首创,继而在中国火车头体育协会、中国老年人体育协会组织的体育活动中进行重点推广的运动。特别是在 2017 年成为第十三届全国运动会群众类比赛项目之后,引发了全国性气排球运动的热潮,全国各地纷纷成立气排球协会或组织,各种形式的气排球赛事、交流活动层出不穷,其发展速度、广度达到了前所未有的程度,真正成为了一项喜闻乐见的群众性体育运动项目。

　　气排球运动源于排球运动,是在竞技排球运动固有的运动形式和特征的基础上,对竞赛规则进行了针对性的设计,从而有效地降低了运动难度,使其简单易学,比赛中的来回球次数明显增加,普及性、健身性、娱乐性功能与特征较为突出。

　　正是由于竞赛规则的改变,使气排球运动形成了独特的技术方法与战术体系,作者将多年从事气排球运动教学、训练的经验和近年来潜心研究气排球运动的理论与实践梳理成集,为学习气排球的爱好者提供理论与实践方法。

　　感谢谭世文教授对本书编写给予的悉心指导,感谢吉林体育学院教师牛奔、浙江省杭州市瓶窑中学教师胡海栋、摄影师王慧岩在编撰中付出的辛劳。

　　由于《气排球运动与方法》是作者在不断探索与实践中完成的,因而尚有诸多不当之处,望读者批评指正。

刘智华

2018.09

目　录

第一章　气排球技术

气排球技术共分为配合性技术和击球性技术两大类。击球前所采取的一切准备动作和移动动作统称为配合性技术，主要包括准备姿势与移动步法。击球性技术是指运动员在气排球运动中所采用的合理的击球动作，主要包括传球、垫球、发球、扣球、拦网和特色技术。

第一节　配合性技术

配合性技术是气排球技术的环节之一，对实现快速启动并准确地保持击球位置有着重要的作用，是完成击球技术的前提条件。在击球性技术掌握相对熟练后，配合性技术往往成为提高击球质量的关键。

一、技术分类

气排球配合性技术主要分为准备姿势与移动步法两类。准备姿势根据身体重心的不同可分为稍蹲、半蹲、低蹲三种，移动脚步包括并步、滑步、交叉步、跨步、跑步、综合步等。（图1-1-1）

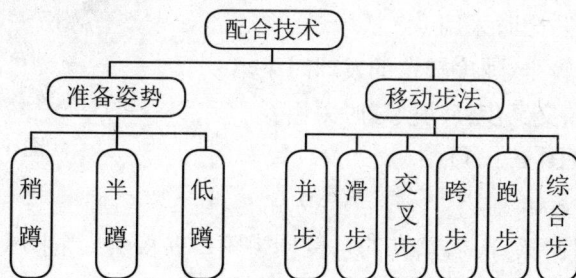

图 1-1-1

二、技术方法

（一）准备姿势技术方法

1. 稍蹲（图1-1-2）

（1）技术方法

两脚左右前后站立，与肩同宽，两膝微屈，身体重心略向前，上体稍前倾，两臂放松，自然弯曲置于腹前，两手掌自然张开，两眼注视球并兼顾场上各种情况。

（2）技术适用

①主要用于接对方弧度较高、速度较慢的发球；

②用于传球、扣球、发球、拦网前的准备姿势；

③球虽在本方，但离自己较远，不需要及时移动击球时采用；

④二传、扣球、发球前的准备姿势。

图1-1-2

2. 半蹲（图1-1-3）

（1）技术方法

两脚与肩同宽，前后站立的幅度要大于稍蹲准备姿势，两膝弯曲，脚跟自然提起，上体前倾，重心靠前，膝部的垂直线应在脚尖前面，两臂放松，自然弯曲置于腹前，两眼平视，注意来球，两脚始终保持微动。

（2）技术适用

①在后排防守时采用；

②接弧度较平、速度较快的发球时采用；

③在跨步、交叉步移动救球时采用。

3. 深蹲（图1-1-4）

（1）技术方法

两脚与肩同宽，前后站立的幅度同半蹲准备姿势，当来球很低时，同侧脚向来球方向跨出一大步。

图1-1-3

（2）技术适用

①接对方弧度低、速度快的扣球；

②做滚翻、前扑、单掌捧球。

（二）移动

1. 并步与滑步

（1）技术方法

采用稍蹲准备姿势，基本步法为前脚向来球方向跨出一步，后脚迅速跟上，还原为稍蹲准备姿势。连续的并步为滑步。（图 1-1-5）

（2）技术适用

①主要用于近距离的移动，结合传球、接发球、拦网、扣球等技术；

②二传队员在传球时；

③与跨步或其他倒地击球技术结合使用。

图 1-1-4

（1）　　　　　　　（2）　　　　　　　（3）

图 1-1-5

2. 交叉步

（1）技术方法

采用半蹲准备姿势，例如向右侧移动时，左脚经过体前向右侧迈一步，然后右脚向右侧跨出一大步，同时重心移向右脚，身体转向接球方，保持击球前的姿势。交叉步的特点是步子大、动作快、移动范围大。（图 1-1-6）

（1）　　　　　　　（2）　　　　　　　（3）

图 1-1-6

（2）技术适用

①主要用于接体侧 2～3 米左右的来球；

②拦网者在网前进行较长距离移动时；

③防守两侧较远距离的来球时。

3. 跨步（图 1-1-7）

（1）　　　　　　　（2）　　　　　　　（3）

图 1-1-7

（1）技术方法

采用深蹲准备姿势。移动时，一脚用力蹬地，脚向球的方向跨出一大步，后脚随重心前移自然跟上，重心随之降低。

（2）技术适用

①适用于弧度低、速度快、距离身体1米左右的来球；

②适用于接位于体侧、体前一臂远距离的低平来球；

③进行前扑、滚翻、鱼跃等摔救球时；

④可以同滑步、交叉步、跑步的最后一步结合运用。

4. 跑步（图1-1-8）

（1）

（2）

（3）

（4）

图 1-1-8

（1）技术方法

通常采用稍蹲或半蹲准备姿势,适用于距离身体较远的击球。在移动时要逐步降低身体重心。

（2）技术适用

①在接距离身体较远、弧度较高、速度较慢的来球时;

②主要适用于接触及同伴拦网触手出界的高弧度球;

③用于救起触及同伴后飞向场外的球;

④可与交叉步、跨步等结合起来运用。例如向体侧跑步时,经常采用交叉步转身的方法来起动,在接近球时,又常用跨步、倒地动作来制动使之完成击球动作。

5. 综合步（图1-1-9）

（1）　　　　　　　　（2）　　　　　　　　（3）

图1-1-9

将上述两种以上的移动步法综合运用称为综合步。通常在距离球较远时采用跑步接近球,在击球时采用跨步或交叉步以有效地制动来稳定身体的重心。

6. 移动技术环节和技术关键

（1）技术环节:起动—移动—制动;

（2）技术关键:起动。

7. 移动技术要领

（1）起动蹬地有力,身体重心领先,增大水平速度;

（2）移动中要保持并不断降低身体重心；

（3）所采用的移动步法要合理；

（4）制动技术要合理有效。

第二节　传球技术

利用全身协调力量并通过手指、手腕的弹力，将球传至一定目标的击球动作称为传球。传球的特点是采用手指、手腕缓冲和反弹的力量击球，因此，控制球的面积较大，容易控制球的弧度和落点。传球是气排球运动中一项重要的基本技术之一，也是二传队员组织本队进攻的主要方法。

一、传球技术分类

按支撑点可分为原地传球和跳传球；按动作方法可分为插托传球和单手传球；按用途可分为顺网传球、调整传球和一传球；按传球方向可分为正面传球、侧面传球和背面传球。（图 1-2-1）

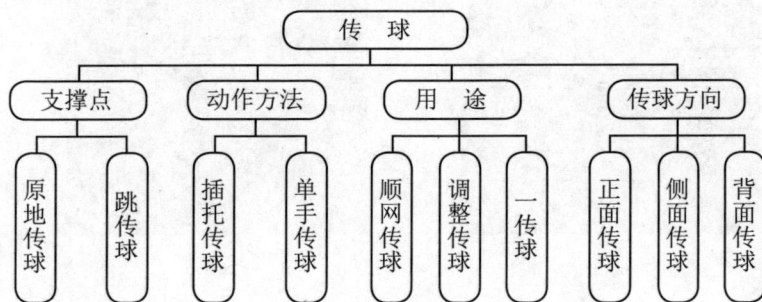

图 1-2-1

二、传球技术方法

1. 正面传球（图 1-2-2）

正面传球是传球技术最基本的方法，其他形式的传球技术也由此演化而来，其特点是便于观察传球方向，传球的准确性和稳定性较高。

（1）

（2）

（3）

（4）

图 1-2-2

（1）技术方法

①准备姿势

采用稍蹲准备姿势,上体稍挺起,仰头看球,两手自然抬起,屈肘并适当地分开放松,置于脸前。

②迎球

手型：十指应自然张开,使两手成半球状,手腕稍后仰,两拇指相对成一字形或八字形。两手间有适度地距离,以拇指内侧、食指全部和中指的二、三指节触球的后下部,无名指和小指在球两侧辅助控制出球方向。（图

1-2-3）

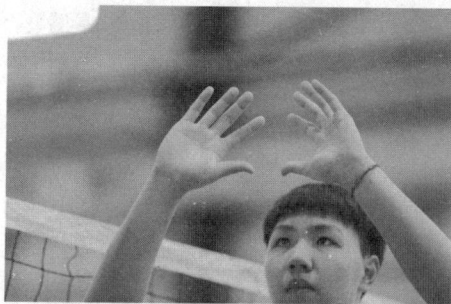

击球点：击球点应保持在额前上方约一球的距离处，也可根据来球情况和传球需要适当提高或降低击球点。

③击球

在迎球动作的基础上，当手和球即将接触时，手腕和手指要有前屈迎球的动作；当手与球接触时，各关节应适度伸展，全身各部位动作协调一致，最后用蹬地、伸臂、和手指、手腕的弹力将球击出。

图 1-2-3

（2）技术要领

①击球点要保持在额前上方一个球远的距离；

②手型要保持半球状，放松中要保持一定的紧张度；

③触球时，指、腕要根据来球力量调整紧张状态。

（3）技术适用

①组织本队顺网扣球或调整扣球时采用；

②在接对方弧度较高、速度较慢的球时使用。

2. 侧面传球（图 1-2-4）

身体侧对传球目标，将球向体侧方向传出的传球动作叫体侧传球。由于

（1）

（2）

图 1-2-4

（3）

（4）

图1-2-4

侧传球时,身体是在不转动的情况下侧对传球目标,因此,侧传球在比赛中具有较高的实用性和一定的隐蔽性。

（1）技术方法

①准备姿势

与正面传球相同。

②迎球

与正面传球相同。

③击球

击球点位于额前上方偏于出球方向一侧。手形与正面传球手形基本相同,出球方向一侧的手臂要略低一些,同时,上体向出球方向一侧倾斜。在上体向出球方向倾斜,身体协调用力的同时,双臂向出球一侧用力伸展,一侧手臂动作幅度要大,伸展要快。

（2）技术要领

身体重心偏向传球方向,出球一侧的手要略低于另一侧。

（3）技术适用

一般在网前传球或来不及转体的情况下采用。

3. 背面传球（图1-2-5）

背对传球方向的传球称为背传球。背传球在传球技术中是一项难度较大的传球技术。特点是隐蔽性强,具有较高的实用价值。

（1）

（2）

（3）

（4）

图 1-2-5

（1）技术方法

①准备姿势

采用稍蹲准备姿势，传球时上体稍后仰，双手自然抬起，手放在脸前。

②迎球

双臂上抬，挺胸，上体后仰。其他动作与正面传球相同。

③击球

击球点在头的上方，偏向头后。传球手形与正面传球相同，触球时手腕后仰,掌心向上,拇指及手腕要有向后上方送球的动作。

④用力方法

利用蹬地、展腹、抬臂、伸肘和手指、手腕的弹力将球向后上方传出。

(2)技术要领

①上体后仰抬头,击球点在头上方;

②掌心向上、手腕后仰、拇指用力,并蹬地、展腹、伸臂协调用力。

(3)技术适用

通常在组织队员在二传队员身后扣球时采用。

4.跳传球(图1-2-6)

跳起在空中做传球动作称为跳传球。跳传球有原地跳传球、助跑跳传球、双足跳传球、单足跳传球,传球方向可分为正面、侧面和背面传球。

(1)技术方法

①准备姿势

采用稍蹲准备姿势,双手置放于脸前,眼睛注视来球,迅速取位。

②迎球

根据来球的弧度和高度落点,左脚先向起跳点迈出一步,右脚迅速并步跟上,双脚积极踏跳的同时双臂上抬,手腕后仰置于头上方成传球手形。

③击球

传球时,可以利用空间差调整传球时间,使传出的球与扣球手腾起后的

(1)   (2)

图1-2-6

（3）　　　　　　　　　　　　　（4）

图 1-2-6

运行轨迹在空间上实现最佳的重合效果。

（2）技术要领

踏跳及时,垂直起跳,接近腾空的最高点时传球。

（3）技术适用

通常在来球弧度较高,球在网口上空时采用。

5. 单手传球（图 1-2-7）

（1）　　　　　　　　　（2）　　　　　　　　　（3）

图 1-2-7

三、传球技术环节和技术关键

1. 技术环节：准备姿势—迎球—击球。
2. 技术关键：击球。

四、传球技术口诀

双臂上提要微屈,手臂微缩稍后仰。半圆手形成自然,手指微屈触球全。全身协调配合好,送臂送腕把球传。

第三节 垫球技术

通过手臂和身体其他部位的迎击动作,使球以垫击面反弹出去的击球动作称为垫球。前臂垫球是气排球垫球技术的基本形式之一,其他垫球技术方法都是在前臂垫球的基础上衍生而来的。垫球技术主要用于在比赛中接发球、接扣球、接拦回球和接各种速度较快、弧度较平的球。

一、垫球技术的分类（图1-3-1）

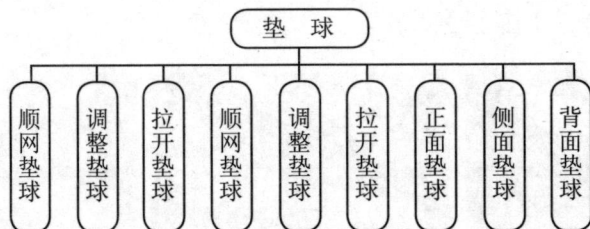

图 1-3-1

二、垫球技术方法

（一）正面双手垫球（图1-3-2）

正面双手垫球是用双手在腹前垫击来球的一种垫球方法,是各种垫球技术的基础,是最基本的垫球方式,各种垫球技术都是由正面双手垫球技术衍化、发展而来的。适用于各种接发球、接扣球、接拦回球和垫击较低的来球。

（1）　　　　　　　（2）　　　　　　　（3）

图 1-3-2

1. 技术方法

（1）准备姿势

一般采用半蹲准备姿势。

（2）迎球

当球距离腹前一臂远的距离时，两臂夹紧并向前伸，插入球下，同时配合蹬地、跟腰、提肩、顶肘、压腕、抬臂及全身协调动作迎击来球，身体重心随着击球动作向前上方移动。

（3）击球

击球点保持在胸腹之间。击球部位在手腕以上 10 厘米处、双臂挠骨并拢后所形成的平面上。

（4）击球后动作

身体重心继续协调向抬臂方向伴送球，垫球动作结束后立即松开双臂做好下一个动作的准备。

2. 技术要领

双臂夹紧对准球，前臂插入球下方。击球压腕抬送臂，蹬地、送臂髋用力。

3. 技术适用

在正面的来球弧度较低，无法传球时采用。

（二）体侧垫球（图 1-3-3）

在身体侧面用双手垫球为体侧垫球。

（1）　　　　　　　　　　　　　（2）

（3）　　　　　　　　　　　　　（4）

图 1-3-3

1. 技术方法

体侧垫球可用于垫身体两侧的来球，以左侧垫球为例，先以右脚前脚掌内侧蹬地，左脚向左跨出一步，重心移至左脚，保持两膝弯曲，同时两臂向左侧伸出，左臂高于右臂，右肩微向下倾斜。击球时，用右转体和收腹的动作，配合提肩抬臂，在身体左侧稍前的位置截住来球，用前臂垫击球的后下部。来球在右侧时，以相反方向的动作击球。

2. 技术要领

向侧跨步侧前伸臂，向内转体提肩击球，伸臂动作要快。

3. 技术适用

当来球飞向体侧，队员来不及移动正对来球时，可采用体侧垫球技术。

（三）背垫球（图 1-3-4）

背对垫球目标，从身前向背后的双手垫球称为背垫球。

1. 技术方法

要判断来球的方向，快速移动到球的落点处，背对垫球的方向，两臂夹

（1）　　　　　　（2）　　　　　　（3）

（4）　　　　　　　　　（5）

图 1-3-4

紧并伸直。击球时,用蹬地、抬头、挺胸、展腹和上体后仰的动作带动两臂向后上方摆动抬送,以前臂触球的前下方,将球向后上方击出,击球点一般应在肩前上方。

2. 技术要领

背对出球方向,两臂夹紧并伸直插到球下方,同时蹬地、抬头挺胸、展腹,击出球时要注意抬头、挺胸、展腹,身体后仰。击球点最好在肩部以上。垫低球时,要注意屈肘和翘腕。

3. 运用时机

在同伴防起球后,球飞得较远而又无法进行正面垫球时采用。

(四)跨步垫球(图1-3-5)

（1）　　　　　　　　　　（2）

（3）　　　　　　　　　　（4）

图 1-3-5

向前或向侧跨一步垫球的动作叫跨步垫球。

1. 技术方法

在判断来球落点时,同侧脚迅速向来球方向跨出,同时两臂前伸插入一大步,上体顺势前倾下压,身体重心落在跨出脚上,同时两臂前伸插入球下,用蹬地、提肩、抬臂动作击球的后下部。

2. 技术要领

跨步要及时，重心下降要快，上体前倾，手臂要充分伸展，插到球下。

3. 技术适用

跨步垫球是当来球离身体前方或斜前方较远时，队员来不及移动时采用。跨步垫球在接发球和防守中运用得较多，它是各种低姿垫球动作的基础。

（五）挡球

用双手或单手在胸部以上挡击来球的击球动作，称之为挡球。

1. 双手挡球（图1-3-6）

手臂屈肘上举，肘部向前，手腕后仰，用双手平掌外侧和掌根所组成的

（1）

（2）

（3）

（4）

图 1-3-6

平面挡击球的后下部,击球瞬间手腕要紧张,用力要适度。

2. 单手挡球(图 1-3-7)

(1)   (2)   (3)

图 1-3-7

挡球时,手臂屈肘上举,肘部向前,手腕后仰,用掌根和拳心平面击球的后下部,击球瞬间手腕要紧张,如果来球比较高时,可以跳起来挡球。

3. 技术要领

挡球时,手指、手腕保持一定的紧张度,挡球面要正对来球,击球的中后下部,并要控制击球的力量。使球在击出后保持一定的弧度。

4. 技术适用

双手挡球时,多用于挡击胸部以上力量大、速度快的来球,如防扣球。单手挡球多用于来球较高、力量较轻的球,如防拦网时打手出界的球。运用挡球可扩大防守范围。

三、垫球技术环节和技术关键

1. 技术环节:准备姿势—迎球—击球。

2. 技术关键:击球。

四、垫球技术口诀

正面下手垫球,半蹲姿势准备好,正面取位在球前,含胸收腹伸双臂,一插二夹抬送臂。

第四节 扣、吊球技术

队员以一只手臂击球的形式,将本方场区上空的球击入对方场区的击球方法叫作扣球。扣球是进攻性击球的基本形式和有效方法,是比赛得分的主要方法之一。

一、扣、吊球技术分类(图1-4-1)

扣球技术方法有很多,按动作方法主要分为正面扣球、调整扣球、轮臂扣球、原地起跳扣球、单脚支撑扣球、单脚起跳扣球、半快球、平拉开快球、短平快球。

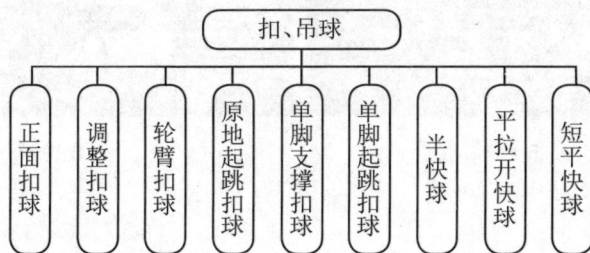

图1-4-1

二、扣、吊球技术方法

(一)正面扣球(图1-4-2)

(1) (2)

图1-4-2

（3）　　　　　　　　　　（4）

（5）　　　　　　　　　　（6）

图 1-4-2

正面扣球是面对球网助跑起跳的扣球方法,特点是便于观察,能根据对方拦防情况,随时改变扣球路线和力量,是基本的扣球方法,也是其他扣球技术方法的基础。

1. 准备姿势

扣球前采用稍蹲准备姿势,两臂自然下垂,站在两米线后距中线 3～4 米处。助跑路线与球网的角度要保持在 45 度左右为好,观察来球,随时做好向各个方向助跑的准备。观察与判断二传队员出球的高度与落点,及时选择助跑路线。

2. 助跑

（1）助跑步法

通常采用一步助跑和两步助跑的形式。采用一步助跑时,右脚向前跨出一大步,以脚掌的后半部外侧着地（第一次制动）,左脚迅速跟上,踏在右脚左侧适宜的位置上（第二次制动）。采用两步助跑时,左脚向前迈出一步,右脚再快速跨出一大步,紧接着左脚迅速并上,两脚尖稍向右转,两臂下摆至体后。同时,注意抬头观察球。第一次制动时,制动脚要超越身体重心。第二次制动时,身体重心不要超过起跳线。这样,才能使助跑产生的动能转化为势能,以获取最大的腾起高度。

（2）助跑路线

助跑的路线共有三种：斜线助跑、直线助跑、外绕助跑。助跑路线的选择应根据传球的落点来决定。以四号位扣球为例,扣集中球时,应采用斜线助跑,扣一般球时应采用直线助跑,扣拉开球时应采用外绕助跑。

3. 起跳

一只脚跨出的同时,另一只脚也跨跳出去,两只脚有一定腾空阶段,两只脚同时着地和蹬地。跨跳的特点在于加大踏地力量来提高弹跳的高度,跨步法适用于腿部力量较强的运动者。

4. 空中击球

利用以收胸为主的发力方法。击球时要击球的中后部,手腕要有柔和的推压动作,使球产生强烈的上旋。

5. 技术适用

适用于强攻扣球。

6. 落地

落地时,以两只脚前脚掌先着地,配合屈膝、收腹缓冲下落的力量,保持身体重心,同时也便于做好下一个准备动作。

7. 技术要领

（1）冲跳时起跳角度要小；

（2）加大收腹的动作幅度；

（3）推压手腕,使球产生强烈的上旋。

8. 技术适用

通常球在起跳点正前方上空时采用。

（二）原地扣球（图1-4-3）

1. 技术方法

（1）准备姿势

采用稍蹲准备姿势,随球移动以保持好人与球之间的距离。

（2）击球

（以右手扣球为例）双脚支撑,右肩、右手快速上抬成鞭打击球的状态,蹬地、收腹、提肩、挥臂击球,一气呵成。

（1）

（2）

（3）

（4）

（5）

图 1-4-3

（3）击球后

恢复稍蹲准备姿势，以连接下一个动作。

2. 技术要领

（1）保持好人与球的位置；

（2）击球手臂要放在腰部以上，以便及时挥臂击球；

（3）原地扣球时击球点较低，要击球的中后下部，并伴有"推压"手腕的动作,使球上旋高弧度过网。

3. 技术适用

(1)适用于老年人在比赛中使用;

(2)在扣弧度较低、速度较快的球时效果较好。

(三)原地起跳扣球(图1-4-4)

（1）

（2）

（3）

（4）

（5）

（6）

图1-4-4

气排球运动与方法

1. 技术方法

（1）准备姿势

采用稍蹲准备姿势，随球移动以保持好人与球之间的距离。

（2）起跳

起跳时双脚向下踏跳，两臂从体后下侧经体前向上积极摆动，同时双腿快速蹬地、展体，带动身体腾空。

（3）击球

（以右手扣球为例）右肩、右手快速上抬成鞭打击球的状态，收腹、提肩、挥臂击球一气呵成。

（4）落地

以两只脚前脚掌先着地，配合屈膝、收腹缓冲下落的力量，保持身体重心，并恢复稍蹲准备姿势，以连接下一个动作。

2. 技术要领

（1）保持好人与球的位置；

（2）选择好起跳时间与时机。

3. 技术适用

（1）适用于老年人在比赛中使用；

（2）在扣弧度较低、速度较快、距离身体较近的球时效果较好。

（四）单脚支撑扣球（图1-4-5）

1. 技术方法

（1）准备姿势

采用稍蹲准备姿势，随球移动以保持好人与球之间的距离。

（1）　　　　　　　　　　　（2）

图1-4-5

（3）　　　　　　　　　　　　　　（4）

图 1-4-5

（2）击球

（以右手扣球为例）左脚支撑，右脚、右肩、右手快速上抬成鞭打击球的状态，将球保持在前上方，左脚蹬地、收腹、提肩、挥臂击球，一气呵成。

（3）击球后

恢复稍蹲准备姿势，以连接下一个动作。

2. 技术要领

（1）提膝、抬臂要迅速、主动；

（2）击球时身体要主动前倾。

3. 技术适用

（1）适用于老年人在比赛中使用；

（2）适用于扣距离身体稍远的球；

（3）适用于扣近网球。

（五）单脚起跳扣球（图 1-4-6）（以右手扣球为例）

（1）　　　　　　　　　　　　　　（2）

图 1-4-6

（3）

（4）

（5）

图 1-4-6

1. 技术方法

（1）助跑

采用一步、两步或多步的走步式的单脚助跑，保持与球网近似于平行的角度。

（2）起跳

助跑的最后一步时，左脚向扣球位置跨出一步，身体重心稍后仰，右腿向上积极摆动，左脚用力蹬地起跳，同时两臂积极上摆。

（3）空中击球

右膝上提，右肩、右手快速上抬成鞭打击球的状态，将球保持在前上方，同时蹬伸右腿、收腹、提肩、挥臂击球。

2. 技术要领

（1）助跑是要保持一定的水平速度；

（2）要发挥向前上方的最大冲跳力。

3. 技术适用

（1）适用于扣距离身体较远的球；

（2）在扣近网球时采用效果最佳。

（六）轮臂扣球（图1-4-7）

在扣球挥臂时以肩关节为轴，手臂由下向上轮臂发力击球的扣球方法。特点是力量大，扣球角度大，不易被拦网。

（1）　　　　　　　　（2）　　　　　　　　（3）

（4）　　　　　　　　（5）　　　　　　　　（6）

图1-4-7

1. 技术方法

起跳时左肩对网（以右手扣球为例），右肩下沉。当右臂摆放置脸前时，应迅速行至体侧并伸直，掌心向上，五指张开成勺状。击球时，用向左转体和收腹带动右臂至下向上地轮臂，在最高点全掌击球的后中下部位，并伴有推压腕。击球后，身体缓冲落地。

2. 技术要领

（1）起跳时要左肩对网（以右手扣球为例）；

（2）起跳后，应把球保持在右肩上方；

（3）要利用收腹、转体带动手臂击球。

3. 技术适用

（1）当球传至身体后方时采用；

（2）扣从后场传来的调整球时采用。

（七）调整扣球（图1-4-8）

（1）　　　　　　　　　　　（2）

（3）　　　　　　　　　　　（4）

图1-4-8

1. 技术方法

（1）助跑

助跑步法与扣拉开球的步法相同，助跑路线与球网的夹角不得大于35度，身体要面向来球方向。

（2）起跳

要根据来球的高度、弧度、速度、角度选择起跳点和起跳时机。

（3）空中击球

采用收腹、推压击球方法使球产生强烈的上旋，提高球过网时的弧度。

2. 技术要领

（1）必须及时调整助跑角度，保证有力的扣球位置；

（2）熟练掌握各种方向、步法的起跳技术，以便及时调整人与球的关系；

（3）要具有良好的腰腹爆发力，手腕的控制球能力。

3. 技术适用

适用于扣从身体侧、后方传来的调整球。

（八）冲跳扣球（图1-4-9）

助跑时要加大水平速度，助跑的最后一步迈得较小，落地时身体重心要继续前移，产生一个向前的蹬地速度，使助跑的水平速度与蹬地上的速度形成一个合速度，使身体在空中移动击球时产生了对球的撞击力。

（1）　　　　　　　　　　　　（2）

图 1-4-9

（3）　　　　　　　　　　（4）

图 1-4-9

（九）挑吊球（图 1-4-10）

1. 技术方法

（1）助跑、起跳与正面扣球的技术方法相同。

（2）空中击球

击球时，利用手指、腕挑击球的下部，将球拨送过网到对方防守的空位。

（1）　　　　　　　　　　（2）

（3）　　　　　　　　　　（4）

图 1-4-10

2. 技术要领

（1）助跑、起跳要做得真实；

（2）在挥臂扣球的一刹那改变手法，变鞭打击球为拨吊球；

（3）吊球时要注意观察对方防守的空位。

3. 技术适用

在对方拦网严密或球离网过近的时候使用。

（十）搓吊球（图 1-4-11）

1. 技术方法

（1）助跑、起跳与正面扣球的技术方法相同。

（2）空中击球

击球时，全手掌包住球，利用手腕、手掌自下而上地搓球，使球在过网时产生强烈的上旋和弧度然后快速下沉。

（1）

（2）

（3）

（4）

（5）

图 1-4-11

2. 技术要领

（1）助跑、起跳要做得真实；

（2）在挥臂扣球的一刹那改变手法，变鞭打击球为搓球。

3. 技术适用

主要适用于将球搓吊在拦网队员身后的空位和3号位中心空位。

（十一）加压吊球（图1-4-12）

1. 技术方法

（1）

（1）助跑、起跳与正面扣球的技术方法相同。

（2）空中击球

击球时，手臂伸直，利用手指、手腕拨击球的后上部，将球至上而下地推压过网到对方防守的空位。

2. 技术要领

（1）助跑、起跳要做得真实；

（2）

（3）

（4）

（5）

图1-4-12

（2）在挥臂扣球的一刹那改变手法,变鞭打击球为加压吊球；

（3）指、腕要保持紧张度,拨球要快速、短促、有力,切忌出现甩手臂的动作导致动作幅度过大而出现持球犯规的现象。

3. 技术适用

在对方拦网严密或已经观察到对方明显的防守空位时使用。

三、扣球技术环节和技术关键

（一）技术环节：准备姿势—助跑起跳—空中击球—落地。

（二）技术关键：空中击球。

四、扣、吊球技术口诀

（一）正面扣球

看球助跑莫抢先,最后大步成半蹲。双脚起跳胸后展,挥臂扣球体内转。屈体收腹推压腕,球体上旋飞过网。

（二）轮臂扣球

助跑起跳侧对网,将球保持在肩上。手臂挥动划立圆,收腹同时肩上提。

（三）单脚起跳扣球

最后一步跨步迈,单脚蹬地上臂抬。保持空中前冲力,前臂高举挥击球。

（四）吊球

助跑、起跳要逼真,观察空位要留心。击球刹那扣改吊,管叫对方拦不到。

第五节　发球技术

队员在发球区内用一只手将自己抛起的球直接击入对方场区的技术动作称为发球。发球是破坏对方"一攻"战术,甚至是直接得分的重要手段。

一、发球技术分类

发球技术结构决定动作名称,而技术方法决定发球性能。因此,按其发球性能主要分为旋转球和非旋转球。按动作方法可分为上手与下手发球、正面上手发飘球、勾手发飘球、正面上手发大力球、勾手发大力球、跳发球等。

二、发球技术方法

（一）发非旋转球技术方法

1. 正面（侧面）下手发球（图 1-5-1）

（1）　　　　　　　　（2）　　　　　　　　（3）

图 1-5-1

正面下手发球是正对球网，手臂由后下方向前摆动，在腹前将球击入对方场区的一种发球方法。

（1）技术方法

①准备姿势

面对球网，两脚前后开立，左脚在前，两膝微屈，上体稍前倾，重心偏右脚，左手持球在腹前或体侧．

②抛球

左手将球轻轻抛起在体前右侧或体侧，抛球高度约 20～30 厘米，在抛球之前手臂以肩、肘为轴向后摆动。

③击球

击球时右脚蹬地，身体重心随着右手向前摆动击球而移至前脚上，在腹前或体侧用掌根或虎口击球的中后下方，随着击球动作，手臂、重心向前移。

（2）技术要领

①抛出高度不要高于 30 厘米；

②用掌根或虎口击球中后下部。

（3）技术适用

①技术简单、易学、稳定性强，适合初学者在比赛中采用；

②在需要"保发球"时采用。

2. 正面上手发飘球（图 1-5-2）

发球者面对球网，采用手腕局部击球的中心点的方法击球，使球产生不规则的向前飘晃从而飞行过网，这种发球方法称为正面上手发飘球。特点是球体飘晃飞行，路线落点难以确定，具有一定的攻击性和稳定性。

（1）

（2）

（3）

（4）

图 1-5-2

（1）技术方法

①准备姿势

采用稍蹲准备姿势。

②抛球

左手持球于腹前，将球保持平稳的状态，垂直抛送到于右肩的前上方约1.5米的高度。抛球的同时，右臂抬起，并屈肘后引，肘部与肩平行，手掌成半握拳状，手腕锁紧，上体稍向右侧转动，抬头、挺胸、展腹，身体重心移至右脚上。

③击球

右脚蹬地，上体向左转动发力，带动手臂挥动。挥臂时手臂伸直，在右肩的前上方用掌根击球的后中下部。击球时五指并拢，手腕后仰并保持一定的紧张感。用力要短促、有力，击球前要加速挥臂，挥臂轨迹保持直线运动，击球后的一瞬间手臂要有突停动作。

（2）技术要领

抛出高度稍低为好，挥臂击球短促有力。击球力量贯穿球体中心。掌根击球不屈腕，击球后要突停。

（3）技术适用

①在对方气排球特色技术不好时使用；

②在保发球时使用。

3. 勾手发飘球（图1-5-3）

（1）　　　　　　　　　　（2）

图1-5-3

（3）　　　　　　　　（4）

图 1-5-3

发球者侧对球网站立,借用下肢和腰部力量,采用勾手的形式,利用正面发飘球的原理与手法发飘球。

（1）技术方法

①准备姿势

体侧对网,两脚自然开立,左手持球于胸前。

②抛球

在抛球的同时,右臂向右侧下方摆动,上体顺势向右侧倾斜和转动,身体重心落在右脚上。左手采用托送动作,将球平稳地抛在左肩前上方约一臂远的高度。

③击球

击球时,右脚蹬地,上体向左转动发力带动手臂挥动。挥动时手臂伸直,手腕保持紧张,以掌根的坚硬平面或半握拳击球的中下部。击球后,手臂挥动有突停动作。

（2）技术要领

抛球不宜过高,转体带动挥臂。击球力量穿过球体中心,击球时不屈腕,击球后要有突停动作。

（3）技术适用

①具有一定的攻击性,稳定性强,失误率低,适用于保发球;

②在有意破坏对方接球阵型时使用。

（二）发旋转球技术方法

1. 正面上手发球（图1-5-4）

正面上手发球面对球网，便于观察，并能充分地利用蹬地、转体、收腹带动手臂加速挥动以及手指、手腕的推压动作，使球产生快速的上旋。因此，发球的力量大，速度快。

（1）技术方法

①准备姿势

（1）　　　　　　　（2）　　　　　　　（3）

（4）　　　　　　　（5）

图1-5-4

采用稍蹲准备姿势,面对球网站立,两脚自然开立,左脚在前,左手持球于体前。

②抛球

左手或右手将球平稳、垂直地抛于右肩的前上方,抛球时手腕、手指要有拨球动作,使球在上升中产生上旋,同时右臂抬起,并屈肘后引,肘部与肩平行,手掌自然张开,上体稍向右侧转动,抬头、挺胸、展腹、身体重心移至右脚上。

③击球

击球时,利用蹬地上体向左转动,迅速收腹带动手臂向前上方挥动,伸直手臂在右肩前上方的最高点,用全掌击球的后中下部,同时,手上旋并包击推压球。

(2)技术要领

①抛球是手指拨球使之成为上旋球,垂直上抛 1 米以上;

②转体收腹带挥臂,弧形鞭打加速度。全掌击球中下部,手腕包击推压球。

2. 勾手大力发球(图 1-5-5)

采用侧身站立,采用轮臂式击球形式,利用蹬地转体带动手臂发力,使球产生上旋的发球方法称为勾手大力发球。特点是力量大、速度快、弧度低、旋转性强。

（1）　　　　　　　　　　　　（2）

图 1-5-5

（3）

（4）

图 1-5-5

（1）技术方法

①准备姿势

身体侧对球网，两脚自然开立，两膝弯曲，上体前屈，左手（或双手）持球于胸前。

②抛球

左手（或双手）将球平稳地抛在左肩上方 1 米高为宜。在抛球的同时，两腿弯曲，上体需要向右倾斜，身体重心移向右脚，右臂向身体右侧后下方摆动，同时挺胸抬头，两眼注视球。

③击球

击球时，利用右脚的蹬地转体动作发力，带动右臂做直臂弧形挥动。同时身体重心由右脚移至左脚。手臂在伸直的最高点，右肩的前上方击球。手腕要包住球，用全手掌击球的中下部，并用力去推压球，使球产生强烈的上旋。

（2）技术要领

抛球平稳，高度 1 米为宜。蹬腿转体时带动手臂幅度要大，弧形轮臂的速度要快，高点击球手腕推压。

（3）技术适用

①攻击性强，稳定性差，经常在利用攻击性发球破坏对方接发球和直接得分时采用；

②在对方插托球技术差的时候采用效果明显。

3. 大力跳发球（图 1-5-6）

大力跳发球是发球队员在发球区内将球抛在空中,利用扣球的方法将球击入对方场区的发球方法。跳发球是发球技术和远网扣球技术的结合,是一项攻击性极强的发球方法,但是由于对身体、技术要求太高,因此失误率较高。

（1）　　　　　　　　（2）　　　　　　　　（3）

（4）　　　　　　　　（5）　　　　　　　　（6）

图 1-5-6

（1）动作方法

①准备姿势

队员面对球网,站在离端线3～4米处,用右手或双手持球置于体侧或腹前。

②抛球

用右手或双手将球抛至右肩前上方,抛球高度一般为肩上方2米以上,落点在端线附近。

③助跑起跳

随着抛球动作,队员迅速向前做扣球的助跑起跳步法。起跳时,两臂要协调而积极摆动,摆幅要大。

④空中击球

挥臂击球、推压腕与远网扣球动作相同。

⑤落地

击球后,尽量使双脚同时落地,两膝顺势弯曲缓冲,迅速入场。

（2）技术要领

①抛球在助跑方向的前上方的上空,距离要根据自己的助跑习惯而定；

②跳起后,球要保持在头的前上方一臂远的距离；

③空中击球时要利用收腹、手腕推压动作使球产生强烈的上旋。

（3）运用时机

①在对方对大力跳发球有心理恐惧的情况下采用；

②在对方进攻强轮次时使用；

③在关键局、关键分时要控制使用,以减少失误。

（三）站立式发球技术环节和技术关键

1. 技术环节：准备姿势—抛球—击球。

2. 技术关键：击球。

（四）跳发球技术环节和技术关键

1. 技术环节：抛球—助跑起跳—空中击球—落地。

2. 技术关键：空中击球。

（五）发球口诀

1. 正面上手发大力球

前后开立面对网,平稳抛球右肩上。挥臂要有加速度,全掌击球后下方。

2. 勾手飘球

左右开立侧对网,抛球位于左肩上。转体挥臂平用力,力量击在球心上。切忌不能屈手腕,短促一击球飘荡。

3. 上手飘球

小臂加速击球快,掌根硬部好击球。击准球的中下部,快速闪击突然停。发球之后速进场,积极防守打反击。

4. 勾手大力发球

双脚开立侧对网,单手抛球垂左肩。右臂伸直垂身后,蹬地转体抡手臂。

5. 大力跳发球

抛球前上步助跑,两臂摆动两脚蹬。腰腹带动手臂甩,满掌击球落地稳。

第六节　拦网技术

前排队员靠近球网,将手伸向高于球网处阻挡对方的来球并触及球,称为拦网。拦网是气排球运动中一项非常重要的技术,是"防反"战术的重要环节,是比赛的主要的得分方法。拦网不仅能拦死、拦回、拦起对方的扣球,还可以削弱对方的进攻气势,动摇对方的信心,给对方进攻造成心理上的压力。

一、技术分类

拦网技术按参加人数可分为单人拦网和集体拦网,按技术方法可分为原地拦网和移动拦网。

二、拦网技术方法

（一）单人拦网（图 1-6-1）

（1）　　　　　　　　（2）

图 1-6-1

单人拦网技术动作包括准备姿势、移动步法、起跳、空中击球和落地 5 个相互衔接的部分。

1. 技术方法

（1）准备姿势和取位

面对球网，密切注视着对方动向，两脚平行开立，约同肩宽，距网 20～30 厘米，两膝稍屈，两手自然弯曲置于胸前，随时准备起跳和迅速向两侧移动。高大队员则双手上举，大臂与身体成 90 度，准备移动和起跳。

（2）移动步法

拦网时按移动距离通常选用并步、滑步、交叉步法。通常在移动距离 0.5 米以内可采用并步移动，拦距离 0.5～1.0 米的高球时，可采用滑步移动步法，拦距离 1.0 米以外的扣球时一般采用前交叉移动步法。

（3）起跳

①起跳前立即制动，使身体正对球网后起跳，或在起跳过程中在空中使身体转向球网。

②如果是原地起跳则从拦网准备姿势开始，两脚用力蹬地，两臂在体侧

划小弧用力上摆,带动身体向上垂直起跳。

③身材高大的队员由于不用太借助摆臂力量带动身体上跳,因而在准备姿势时便双手上举,起跳时主要用下肢力量,这样便于上手迅速伸出球网拦击扣球。

(4)拦网手法

起跳后稍收腹,控制平衡。同时,两手从额前贴近并平行于网向网上沿的前上方伸出,两臂伸直,两肩尽量上提。中青年比赛中,两手尽量伸向对方上空,接近球但不能主动触球,两手张开绷紧,屈指、屈腕呈勾型。老年气排球比赛中,两手不要伸向对方场区上空,被动触球后手臂可随球过网。

边拦网时要外手里包,防止被打手出界,如果对方击球点高,不能接近球进行拦网时,可以采用手腕后仰的方法,堵截扣球路线,以便将球向上拦起。

(5)落地

拦网后落地时屈膝缓冲,身体重心后移,防止触网,落地后准备做下一个动作。

2.技术要点

(1)取位准确,要保持与扣球人相对的拦网取位;

(2)起跳及时,拦网手臂要封堵扣球人的挥臂路线;

(3)手型正确,手臂要贴近球网并向上伸出,与肩同宽,五指张开,臂直指硬。

3.技术适用

(1)主要用于拦对方近网、快速、低平的进攻性击球;

(2)来不及组成集体拦网的进攻性击球。

(二)集体拦网

前排2~3名队员相互靠近,同时起跳,形成组合拦网,称为集体拦网。集体拦网是气排球拦网的主要形式。

1.双人拦网(图1-6-2)

(1)技术方法

在单人拦网技术的基础上,首先要确定主拦网队员,另一人为配合拦网队员。通常为距离对方扣球点较近的人为主拦网队员。主拦网人要与对方扣球人正面取位,配合队员迅速移动靠近主拦网队员,两人同时起跳拦网。在空中两名队员的身体和手臂要保持相应的距离,尽量扩大拦截面积,同时,更要防止相撞或发生"空门"漏球的情况。当扣球点距离边线较近时,边线的拦网队员要外手里包,防止打手出界。

（2）技术要领

①步法一致,统一移动、一同起跳；

②分工明确、分别取位直线、大斜线位；

③相互靠近,谨防两个拦网人之间出现漏洞。

（1）

（2）

（3）

（4）

（5）

图1-6-2

（3）技术适用

①适用于拦弧度高、速度慢、暴露性强的强攻扣球；

②适用于拦对方较高、较慢的进攻性击球。

2. 三人拦网

（1）分清主副

①拦对方 3 号位时以 3 号位队员为主拦网人，2 号位、4 号位为副拦网人（图 1-6-3）

（1）　　　　　　　　　　　　（2）

（3）　　　　　　　　　　　　（4）

图 1-6-3

②拦对方 2 号位扣球时以 4 号位队员为主拦网人，3 号位、2 号位为副拦网人（图1-6-4）

（1）

（2）

（3）

（4）

图 1-6-4

③拦对方 4 号位扣球时要以 2 号位为主拦网人，3 号位、4 号位为副拦网人（图1-6-5）

（1）

（2）

图 1-6-5

（3）　　　　　　　　　　（4）

图 1-6-5

（2）拦网取位

①拦网前中间拦网人站取位在 3 号位，与左（4 号位队员）、右（2 号位队员）拦网人保持间隔 1 米的距离；

②起跳前按扣球的直线位、大斜线位、小斜线位进行取位。

（3）移动步法

①必须采用前交叉移动步法；

②三人移动步法的幅度、节奏要高度一致，否则会出现相互干扰的情况，导致拦网之间出现空当。

（4）起跳与拦网

①踏跳节奏一致；

②起跳时间一致；

③手臂高度角度一致；

④边拦网者要外手内包，防止打手出界。

三、拦网技术口诀

（1）单人拦网

左右开立面对网，移动选位要恰当。手指弯曲要并拢，扣腕截球像堵墙。

（2）集体拦网

队员之间一臂远，交叉步移动到球前，主、副分工要明确，共同起跳把球拦。

第七节 气排球专门性技术

气排球特色技术是广大气排球爱好者在气排球运动实践中总结出来的符合气排球运动的制胜规律的各种简单实用的击球技术。主要包括插托球、抱球、捧球、扒球等技术。

一、插托球技术方法

（一）技术分类

插托球又称托翻球，是指队员用双手在胸腹前托送的一种击球动作，按击球位置可分为左托球、中托球、右托球三种。

（二）技术方法

1. 准备姿势

根据来球的方向（左、中、右）、速度（快、慢）、弧度（高、低）与落点（前、后），可采用稍蹲和半蹲准备姿势。

2. 迎球

（1）左托球（图 1-7-1）

（1）　　　　　　（2）　　　　　　（3）

图 1-7-1

（4）　　　　　　　（5）　　　　　　　（6）

图 1-7-1

球从左边来，右脚内侧蹬地、左脚向左跨出一步，重心移至左脚上，左腿弯曲。上身稍向左倾斜，左肩略低于右肩。左手向五指张开，掌心向前，迅速将手插到球的下部，手掌成勺形，手指指根在球的下部承受球的重量。同时右手五指张开，在来球的后上方顶压着球体并掌握球的方向，也称为护球。

（2）中托球（图 1-7-2）

球从中部来即为追胸球，左（或右）手在上，另一只手在下，两肘关节适当内收，两手成勺形，以确保将球托到位。

（1）　　　　　　　（2）　　　　　　　（3）

图 1-7-2

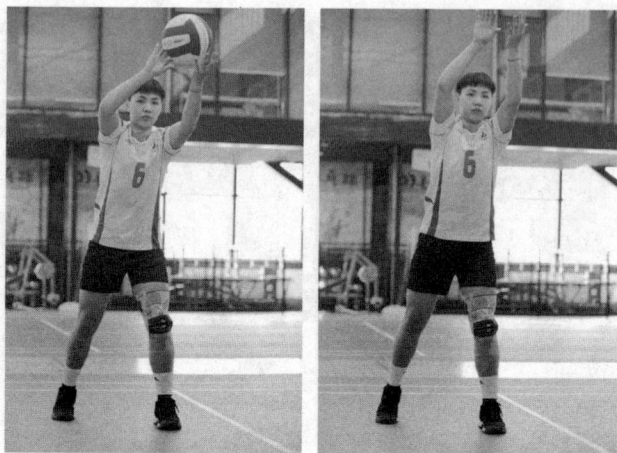

（4）　　　　　　　　　　（5）

图 1-7-2

（3）右托球（图 1-7-3）

当球从右边来时,左脚内侧蹬地、右脚向右跨出一步,重心移至右脚上,右膝弯曲,上身稍向右倾斜,右肩略低于左肩。右手五指张开,迅速将手插到球的下部,用手掌托住（掌心不触球）成勺形,用手指指跟触球的下部,承受球的重量,同时左手五指张开,在来球的后上方顶压着球体,并掌握球的方向。

（1）　　　　　　　　　　（2）

图 1-7-3

（3）　　　　　　　　　　　（4）

图 1-7-3

3. 击球

在正确迎球手形的基础上，当手和球接触的瞬间，手腕和手指要有顺势缓冲动作，击球时，下手托球，手掌、手指给球体以撩拨动作，手掌、手指的撩拨用力从球体重心的后下方通过。使球在向上方送起的同时产生上旋。护在球上面的手顶包住球的重力与方向，利用上下产生合力将球送出。

（三）技术要领

1. 判断及时，对准来球，击球前手型要做好"鸭嘴"状，手掌和手指要保持适度的紧张感；下手插托，上手顶包。

2. 击球时以下手掌发力为主，手球相吻，托护相应，结合下肢蹬地，两手合力，抬送出球。

（四）技术适用

（1）适用于接对方的各种来球；

（2）亦可作为二传球技术；

（3）在接对方大力发球时效果最佳。

二、抱球技术方法

抱球是指队员利用双手对掌或对指的方法将离身体较远的低球抱起的击球技术。分为对掌抱球和对指抱球两种方法。

（一）对掌抱球（图 1-7-4)

| （1） | （2） | （3） |

图 1-7-4

1. 准备姿势

面对来球时，两脚开立约与肩同宽，根据来球的力量、速度，以稍蹲或半蹲姿势作好准备。

2. 迎球

当来球离体前较远时，两肘伸直，手腕自然下垂，五指自然张开，两手掌相对，大拇指朝上，距离大于两小指的距离，左、右手掌斜相对形成一个与气排球大小相吻合的弧形，以便抱住球的两侧。

3. 击球

手和球接触的瞬间，以指根带动指尖击球两边的后下部，以食指、中指、无名指三指受力为主，双手大拇指在球两侧的上部，小指托在球的底部。用抬臂抖腕的力量将球抱出。

（二）对指抱球（图 1-7-5)

1. 准备姿势

同对掌抱球准备姿势相同。

2. 迎球

当来球离身体较近时，两肘弯曲，肘关节向外展，上臂与前臂的夹角大于 90 度，手腕处于略紧张状态，五指自然张开，两手指相对，掌心朝上，大拇指朝前，呈弧形，以便抱住球的两侧。

（1）

（2）

（3）

（4）

图 1-7-5

3. 击球

双手手指相对,托抱于球的底部,击球瞬间以手指和手腕的抖动、弹拨及抬臂的力量将球抱出。击球点在胸腰之间。

（三）技术要领

1. 做好手型,及早插到球下。

2. 击球瞬间,两手托住来球的后下部,靠抬臂动作、手腕抖动、手指弹拨以及全身的协调发力将球抱出。

（四）技术适用

1. 抱球技术主要接用于处在胸腹之间的球；

2. 亦可在近端做二传球。

三、捧球技术方法

（一）技术分类

捧球是指队员用双手或单手在腹前将离身体较远的来球用双手或单手将球捧起的技术动作，按着击球手法可分为双手捧球和单手捧球（捞球）两种方法。

（二）双手捧球

1. 技术方法（图 1-7-6）

（1）准备姿势

面对来球时，两脚分开与肩同宽，根据来球的速度和力量，呈半蹲或全蹲姿势站立，两肘抵住腰部两侧，上臂与前臂夹角为 90 度，双手掌张开并保持紧张感。

（2）迎球

来球时，双手或单手掌心向上，手指张开，十指朝前形成弧形，手指、手腕与前臂基本形成一个平面。

（1）

（2）

图 1-7-6

（3） （4）

图 1-7-6

（3）击球

用全手掌触球的下部。双手捧球击球时，上臂夹紧身体，手指、手腕与前臂在一个平面上，靠手指与前臂上托的瞬间发力动作将球击出，其动作幅度较小。

2. 技术要领

（1）击球前重心适当降低，两臂前伸插入球的下方，双手掌心朝上，双手快速插入球下；

（2）击球时蹬地送腰手掌捧球，抬臂缓冲往上送球。

3. 技术适用

（1）捧球主要是处理速度快的追身球；

（2）亦可作为二传队员转移球时采用；

（3）也可适用于后排防守技术。

（三）单手捧球（图 1-7-7）

1. 技术方法

（1）准备姿势

和双手捧球的准备姿势相同。

（2）迎球

当对方来球低而远时，采用跨步接近球，用同侧的一只手向前或向体侧伸出，插入球的下方，用手腕、手指及手臂的抖动将球捧起。

（1）

（2）

（3）

（4）

图 1-7-7

2. 技术要领

（1）击球前要将手臂充分伸展，以增大击球的长度和面积；

（2）与跨步、跑步结合用，效果最佳。

3. 技术适用

（1）在救打手出界的球、同伴击到场外的低远球时采用；

（2）在救对方的吊球、推到空位的球时采用。

（四）捞球（图 1-7-8）

（1）

（2）

（3）

（4）

图 1-7-8

四、特色技术口诀

（一）插托球

双掌相对胸腹前，将球引到手掌间。一插、一托、一抬臂，大力扣发化解了。

（二）抱、捧球

来球太低无法传，双手抱、捧在腹前。远用单托近捧抱，特色技术显奇效。

第二章　气排球战术

第一节　气排球战术简介

一、战术概念

战术是在比赛中合理地运用个人技术和集体配合所采取的有预见、有目的、有组织的行动。个人战术是指队员运用个人技术的变化，以达到有效的进攻和防守的目的。集体战术是指建立在进攻阵型与进攻打法和防守阵型与防守方法的基础上，两名以上队员之间有组织、有目的、有预见性的集体配合行动。

二、气排球战术分类（图2-1-1）

气排球战术分为个人战术和集体战术两大类。个人战术包括发球、一传、二传、扣球、拦网、后排防守。集体战术是根据在气排球运动中进攻与防守相互转换的特点和规律进行分类，具体分为接发球及其进攻（一攻）、接扣球及其进攻（防反）、接拦回球及其进攻（保攻）、接传垫球及其进攻（推攻）。

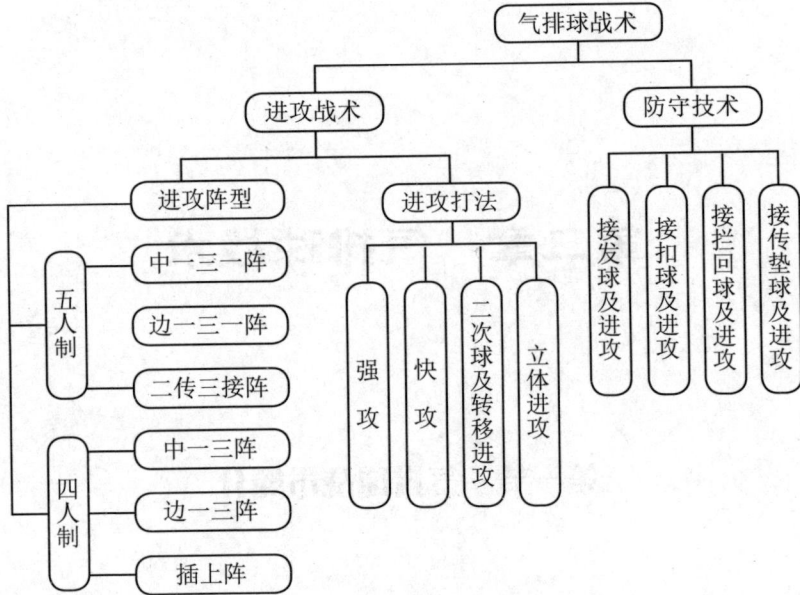

图 2-1-1　气排球战术分类

三、气排球技术、战术之间的关系

（一）技术是基础，战术是载体

在气排球运动的整体中，技术是基础，战术是载体，技术通过战术来发挥和表现。技术是制定战术、运用战术的基础。技术决定战术，战术促进技术，二者相互促进而提高。技术与战术相互联系、相互依存、相互制约、相互促进而发展。

（二）个人战术与集体战术的关系

个人战术是集体战术的组成部分，集体战术是个人战术的综合体现，二者之间的关系是局部和全局的关系。二者相辅相成，互相促进，互相弥补。

（三）"四攻"战术系统的相互关系

1."四攻系统"

按气排球运动的制胜规律，将其分为四个相对独立、相互联系又相互制约的战术系统，分别为接发球组织进攻（一攻）、接扣球组织进攻（防反）、接拦回球组织进攻（保攻）、接其他球组织进攻（推攻）。

2．"四攻系统"之间的关系

（1）以一攻为基础、防反为重点、保攻为依托、推攻为辅助；

（2）一攻的质量高可抑制对方防反能力；

（3）一攻水平高，可以促进防反战术质量的提高；

（4）防反水平高可巩固发球权，增加得分机会；

（5）提高防反水平，可促进一攻质量的提高。

四、阵容配备

（一）阵容配备的概念

1．阵容配备是比赛队对上场队员位置以及分工的具体安排。简而言之，是上场队员、扣球队员与二传队员的比例。

2．阵容配备的目的是为实现战术指导思想、战术设计，最大化地发挥队员的技术、战术、体能和特长，有针对性地布置上场队员的分工。

（二）阵容配备的原则

1．功守均衡：各种阵容配备都是二传队员与扣球队员成对角线站位。这样，每个轮次的功守力量相对均衡，避免弱轮的出现。

2．合理搭配：根据具体情况，将队员的身高根据高低适当地搭配起来，使之成为能充分发挥队员作用的整体。

3．轮次针对：针对对方队员的位置安排轮次，如将拦网能力强的队员对准对方攻击力强的队员，以抑制对方的进攻。

五、阵容配备的基本形式

1．四人制

（1）"二二"配备，2名二传、2名扣球队员；

（2）"三一"配备，1名二传、3名扣球队员；

（3）二号位传球配备，由轮转到2号位的队员做二传。

2．五人制

（1）"三二"配备，3名扣球队员、2名二传队员；

（2）"四一"配备，4名扣球队员、1名二传队员；

（3）前排二号位或三号位传球配备，由轮转到2号位或3号位的队员做二传。

六、阵容配备与队员场上位置安排

（一）队员场上位置关系

1. 四人制气排球为两排两列，2 号位、3 号位为一排，1 号位、4 号位为一排，1 号位、2 号位为一列，3 号位、4 号位为一列。（图 2-1-2）

2. 五人制气排球为两排三列，2 号位、3 号位、4 号位为一排，1 号位、5 号位为一排，1 号位、2 号位为一列，4 号位、5 号位为一列，3 号位单独一列。（图 2-1-3）

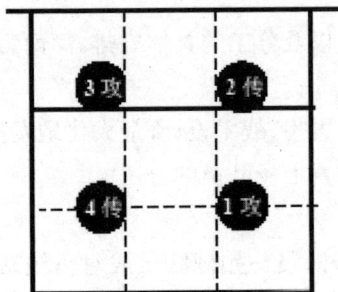 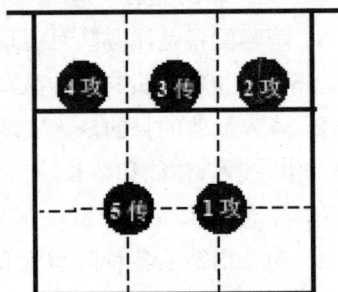

图 2-1-2　　　　　　　　　　　图 2-1-3

七、位置交换

（一）位置交换概念

在规则允许的条件下，交换场上队员位置的方法。

（二）位置交换目的

（1）有利于发挥队员特长，以取得扬长避短的效果。

（2）有利于组织进攻防守战术的需要，从而取得攻防战术的优势。

（3）有利于队员专位分工，以提高攻防战术的质量。

（三）交换位置的任务

1. 前排队员的位置交换

（1）将二传队员换位到二传位置；

（2）将扣球队员换位到习惯的扣球位置；

（3）将拦网好的队员换到对方进攻较强的位置。

2. 后排队员之间的位置交换

（1）将二传队员换到 1 号位，便于调整传球；

（2）将右手队员换到5号位,左手队员换到1号位进行防守,以便防反。

（四）交换位置的方法与时机

（1）本方发球时,同排队员相互靠近,待发球队员击球后,按照事先约定好的位置进行换位;

（2）对方发球时,利用合理的接发球站位进行位置交换;

（3）比赛中,利用"一攻"结束后顺势换位,组成"防反"阵型,待比赛成死球时再恢复成原来的位置。

（五）场上队员位置的规定（在发球队员击球同时）（图2-1-4同列、同排队员位置关系）

（1）同排队员左右不得并行或超越,以队员之间脚着地的部分为准;

（2）同列队员前后不得并行或超越,以队员之间脚着地的部分为准。

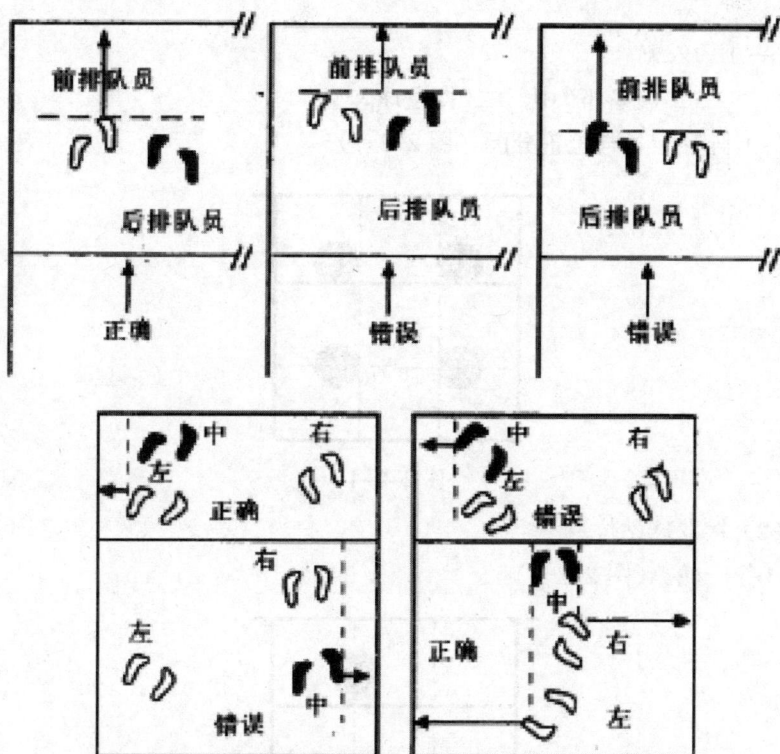

图2-1-4

（六）位置交换应注意的问题

（1）交换的队员要制订好换位移动路线，防止相互干扰；

（2）交换时要迅速、果断，尽可能缩短交换时间，交换后立即形成拦网准备动作；

（3）一定要在发球队员击球之后再换位，防止出现"位置错误"；

（4）成死球后，应立即返回原来的位置，防止发生轮次错误。

第二节　气排球战术基本组织形式

一、接发球基本阵型及其进攻系统

（一）四人制

1. "二二"配备下"中一二"接发球阵型

（1）阵容配备与位置分配（图 2-2-1）

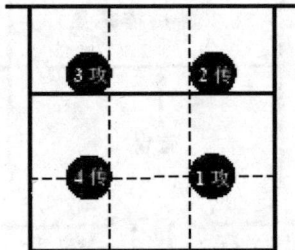

图 2-2-1

（2）接发球站位

①第一轮。（图 2-2-2）

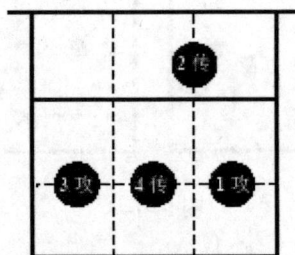

图 2-2-2

由 2 号位的二传队员上提到网前中部附近,3 号位、4 号位、1 号位队员下撤去接发球。

②第二轮。(图 2-2-3)

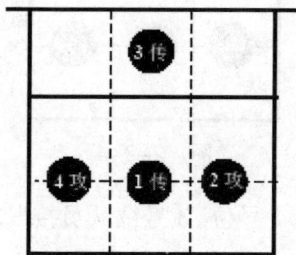

图　2-2-3

由 3 号位的二传队员上提到网前中部附近,1 号位、2 号位、4 号位队员下撤去接发球。

③第三轮:接发球阵型与第一轮相同。

④第四轮:接发球阵型与第二轮相同。

2.“三一”配备下“插上”接发球阵型

(1) 配备与位置分配(图 2-2-4)

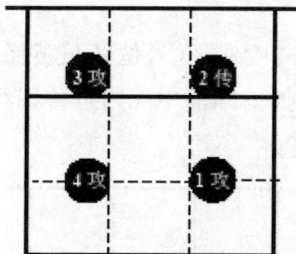

图　2-2-4

(2) 第一轮:3 号位、4 号位、1 号位队员下撤去接发球,在 2 号位的二传队员上提到网前中部附近进行传球组织进攻。(图 2-2-5 为第一轮接发球阵型)

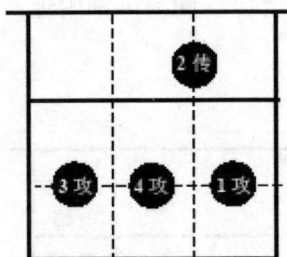

图 2-2-5

（3）第二轮：4 号位、1 号位、3 号位队员接发球进攻，2 号位在 3 号位右后侧插上传球组织进攻。（图 2-2-6 为第二轮接发球阵型）

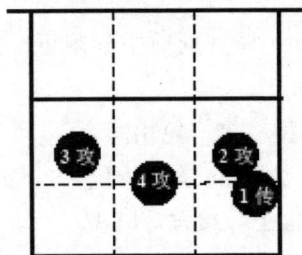

图 2-2-6

（4）第三轮：4 号位、1 号位、3 号位队员下撤去接发球，由 1 号位的二传队员在 3 号位队员后面插上网前中部附近传球组织进攻。（图 2-2-7 为第三轮接发球阵型）

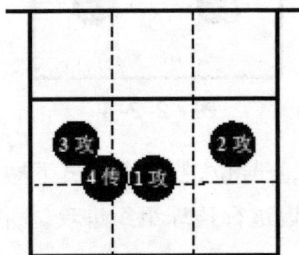

图 2-2-7

（5）第四轮：与第一轮相同。

（二）五人制

1."三二"配置下的"中一二"进攻阵型

（1）阵容配备与位置分配（图2-2-8）

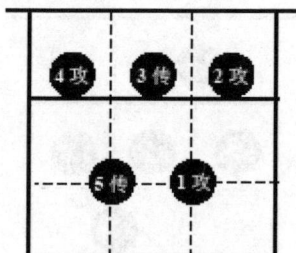

图2-2-8

（2）第一轮：3号位的二传队员上提到网前中部附近进行传球组织进攻，由1号位、4号位、2号位队员和5号位队员形成1-3-1接发球阵型。（图2-2-9为第一轮接发球阵型）

图2-2-9

（3）第二轮：2号位的二传队员上提到网前中部附近进行传球组织进攻，1号位的队员补到2号位，与下撤的4号位、3号位队员和5号位队员形成1-3-1接发球阵型。（图2-2-10为第二轮接发球阵型）

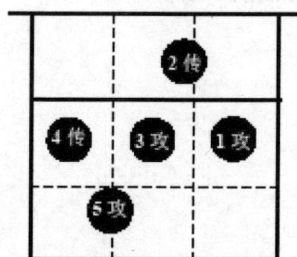

图2-2-10

（4）第三轮：3 号位二传队员上提到网前中部附近组织进攻，由 5 号位队员补到 3 号位，与下撤的 4 号位、2 号位队员和 1 号位队员形成 1-3-1 接发球阵型。（图 2-2-11 为第三轮接发球阵型）

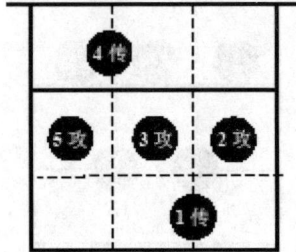

图 2-2-11

（5）第四轮：2 号位二传队员上提到网前中部附近组织进攻，由 1 号位队员补 2 号位，与下撤的 4 号位、3 号位队员和 5 号位队员形成 1-3-1 接发球阵型。（图 2-2-12 为第四轮接发球阵型）

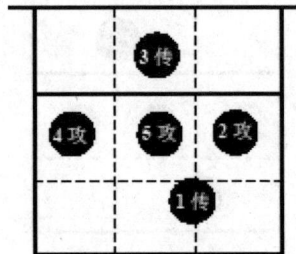

图 2-2-12

（6）第五轮：2 号位二传队员上提到网前中部附近组织进攻，由 1 号位队员补 2 号位，与下撤的 4 号位、3 号位队员和 5 号位队员形成 1-3-1 接发球阵型。（图 2-2-13 为第五轮接发球阵型）

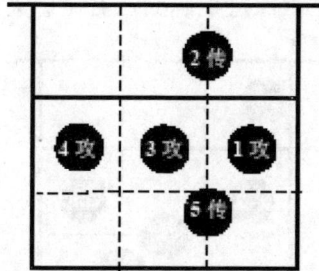

图 2-2-13

2. "三二" 配置下的 "边一二" 进攻阵型

（1）阵容配备与位置分配（图 2-2-14）

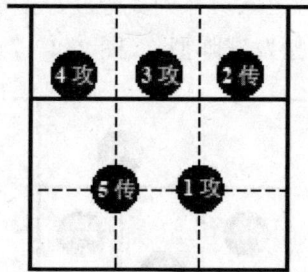

图 2-2-14

（2）第一轮：2 号位的二传队员到网前右侧附近组织进攻，4 号位、3 号位、1 号位队员和 5 号位队员形成 1-3-1 接发球阵型。（图 2-2-15）

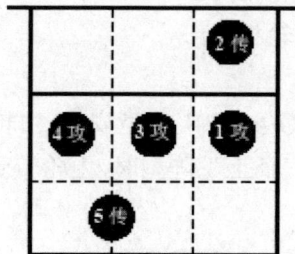

图 2-2-15

（3）第二轮：4 号位的二传队员上提到网前 4 号位附近，待发球击球后移动到 2 号位附近组织进攻，3 号位的队员移动到 4 号位，与下撤的 2 号位、上前补位的 5 号位队员和 1 号位队员形成 1-3-1 接发球阵型（图 2-2-16）。

4号位和3号位是同排,注意保持正确的左右位置关系。

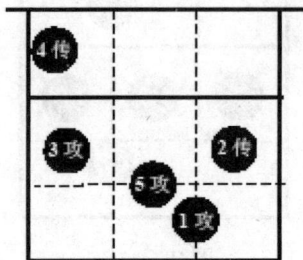

图 2-2-16

（4）第三轮：3号位二传队员上提到网前,待对方发球击球时移动到2号位附近组织进攻,由5号位队员补到3号位,与下撤的4号位、2号位队员和1号位队员形成1-3-1接发球阵型。（图2-2-17）

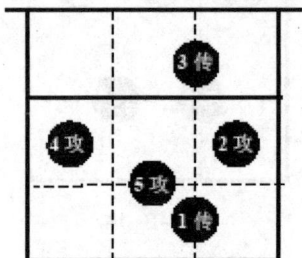

图 2-2-17

（5）第四轮：与第一轮相同。

（6）第五轮：与第二轮相同。

3. 专位传球制

按着"中一二"或"边一二"阵型安排,由轮换到二号位或三号位的队员进行传球组织进攻,"插上"阵型时,由轮转到1号位的队员插上到前排组织进攻。

4. 双二传接发球站位

由两名队员在2号位、4号位担任二传,其他三人负责接发球。这种接发球阵型是根据本队特殊情况,针对某一轮次专门设计的,因此不具有普遍性。（图2-2-18为双二传进攻阵型）

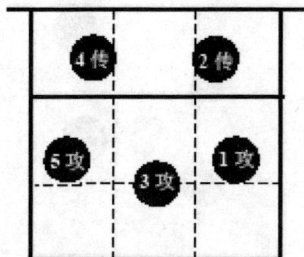

图 2-2-18

二、接扣球基本阵型及其进攻系统

（一）后排防守主要阵型的解析

1. "边跟进"防守阵型

对方 4 号位或 2 号位的边网进攻时，本方 1 号位或 5 号位跟进到拦网人后面防吊球，叫作"边跟进"。"边跟进"主要以"活跟"为主，即根据扣球落地的变化机动性跟进。

以五人制比赛为例，对方 4 号位进攻，我方 2 号位、3 号位组成双人拦网。4 号位下撤防小斜线，5 号位防大斜线，1 号位向前移动边跟进防吊球，如对方在 2 号位进攻，防守阵型则相反。

2. "三角卡位"防守阵型

"三角卡位"防守阵型通常在对方 3 号位扣球，本方单人拦网时采用拦防阵型。2 号位、4 号位队员下撤到拦网人侧后方 3 米处，1 号位或 5 号位队员上提到拦网人正后方 4 米处，三人形成"三角形"防守阵型，另外一名队员负责防守打手弹出后场的高球。

3. "双卡"防守阵型

"双卡"防守阵型主要是在本方三人拦网时采用。前排 4 号位、3 号位、2 号位队员组成三人拦网，后排 1 号位、5 号位队员各守半区，形成双卡站位。

（二）拦网下的防守阵型

1. 四人制

（1）单人拦网下的防守阵型

① 2 号位单人拦网下的防守阵型（图 2-2-19）

对方 4 号位队员扣球，本方 2 号位队员拦网，3 号位队员下撤防小斜线，4 号位队员防大斜线，1 号位队员防吊球。

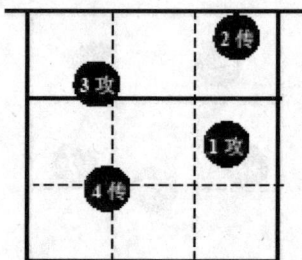

图 2-2-19

② 3 号位单人拦网下的防守阵型（图 2-2-20）

对方 3 号位队员扣球，本方 2 号位队员拦网，4 号位队员下撤到 2 号位后面防吊球，3 号位、1 号位队员防斜线。

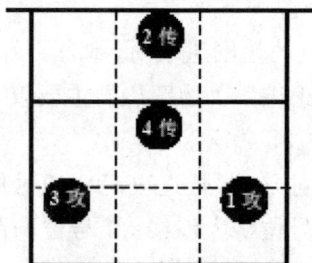

图 2-2-20

③ 2 号位单人拦网下的防守阵型（图 2-2-21）

对方 2 号位队员扣球，本方 3 号位队员在 4 号位拦网，2 号位队员下撤防小斜线，1 号位队员防大斜线，4 号位队员防直线和吊球。

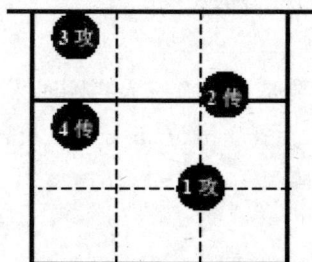

图 2-2-21

（2）双人拦网下的防守阵型

①4号位双人拦网下的防守阵型（图2-2-22）

对方2号位队员扣球,本方3号位、2号位队员拦网,1号位队员防斜线区,4号位队员防直线区。

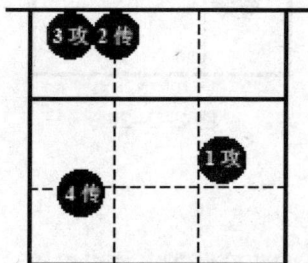

图2-2-22

②3号位双人拦网下的防守阵型（图2-2-23）

对方3号位队员扣球,本方3号位、2号位队员拦网,1号位、4号位队员各防半个区域。

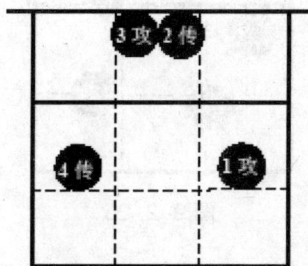

图2-2-23

③4号位双人拦网下的防守阵型（图2-2-24）

对方4号位队员扣球,本方3号位、2号位队员拦网,4号位队员防斜线区,1号位队员防直线区和吊球。

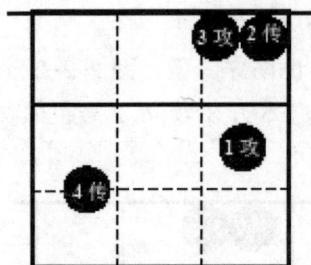

图 2-2-24

2. 五人制

（1）单人拦网下的防守阵型

①4 号位单人拦网下的防守阵型（图 2-2-25）

对方 2 号位队员扣球，本方 4 号位队员拦网，3 号位队员防小斜线，5 号位队员防直线和防吊球，1 号位队员防直线后场区，2 号位队员防大斜线。

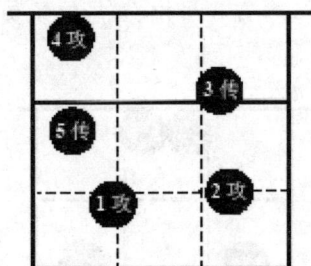

图 2-2-25

②3 号位单人拦网下的站位（图 2-2-26）

对方 3 号位队员扣球，本方 3 号队员拦网，2 号位、4 号位队员下撤双卡防小斜线，1 号位队员防拦网队员身后的吊球，5 号位队员防后场区。

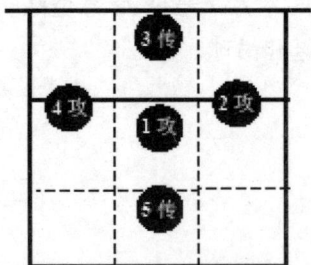

图 2-2-26

③4号位单人拦网下的站位（图2-2-27）

对方4号位队员扣球，本方2号队员拦网，3号位队员下撤防小斜线，1号位队员跟进防吊球，4号位队员防大斜线，5号位队员防后场区。

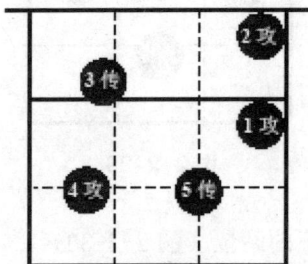

图2-2-27

（2）双人拦网下的防守阵型

①2号位双人拦网下的站位（图2-2-28）

对方4号位队员扣球，本方2号位、3号位队员拦网，4号位队员下撤防小斜线，1号位队员跟进防吊球，5号位队员防大斜线。

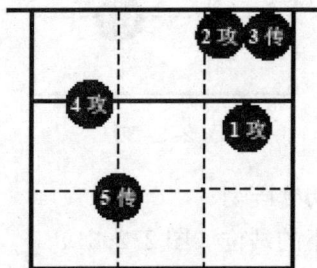

图2-2-28

②3号位双人拦网下的站位（图2-2-29）

对方3号位队员扣球，本方2号位、3号队员拦网，4号位、1号位队员下撤"双卡"防小斜线，5号位队员防后场区球。

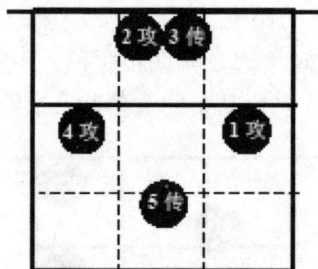

图 2-2-29

③ 4 号位双人拦网下的站位（图 2-2-30）

对方 2 号位队员扣球，本方 4 号位、3 号位队员拦网，2 号位队员下撤防小斜线，1 号位队员防大斜线，5 号位队员跟进防直线和吊球。

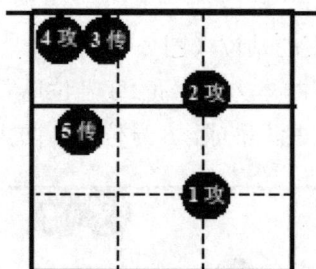

图 2-2-30

（3）三人拦网下的防守阵型

① 4 号位三人拦网下的站位（图 2-2-31）

对方 2 号位队员扣球，本方 4 号位、3 号位、2 号位队员拦网，5 号位队员下撤防直线，1 号位队员防大斜线。

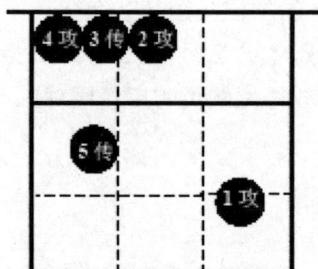

图 2-2-31

②3 号位三人拦网下的站位（图 2-2-32）

对方 3 号位队员扣球,本方 4 号位、3 号位、2 号位队员拦网,5 号位、1 号位队员下撤"双卡"防大斜线。

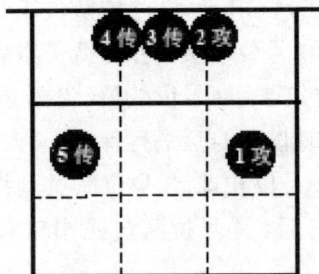

图 2-2-32

③2 号位三人拦网下的站位（图 2-2-33）

对方 4 号位队员扣球,本方 4 号位、3 号位、2 号位队员拦网,5 号位队员防斜线区域,1 号位队员防直线和吊球区域。

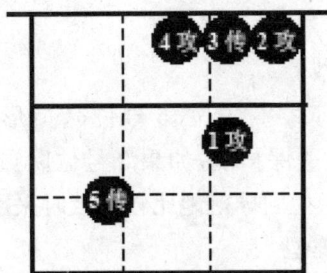

图 2-2-33

（三）接扣球及其进攻系统运用时应注意的问题

1. 要在平时的练习中熟练掌握不同的防守阵型与运用方法,要在赛前训练中形成统一的集体防守阵型,以便达到相互间的默契配合。

2. "边跟进""三角卡""双卡"三种防守阵型各有利弊,在比赛中不应单一地采用某一种形式进行防守,不要死搬硬套。要根据对方进攻的战术特点情况及临场变化,灵活运用。

四、接拦回球及其进攻系统

接拦回球及其进攻系统也叫作"保攻"系统,是在同伴扣球时所采取的有效保护办法。高质量的保攻系统可提高进攻队员的信心,同时也增加连续进攻的频次。

（一）四人制

（1）3 号位队员在 4 号位扣球,2 号位队员在 2 米线内进行保护,4 号位队员在扣球队员身后、1 号位队员在扣球队员右后侧,三人形成保护圈;

（2）4 号位在 3 号位扣球,3 号位队员、2 号位队员在扣球队员两侧进行保护,1 号位队员在扣球队员身后进行保护,三人形成保护圈;

（3）2 号位队员在 2 号位扣球,3 号位队员到扣球队员左侧进行保护,1 号位队员在扣球队员身后、4 号位队员在扣球队员左后侧,三人形成保护圈。

（二）五人制

1.“三一”保护阵型

4 号位队员扣球,3 号位队员移动到扣球队员右前侧 2 米线内,5 号位队员在扣球队员右面,三人形成近端保护圈,2 号位队员在 2 号位、1 号位之间做远端保护。“三一”保护阵型通常在被拦回球落地较近,相对集中时采用。

2.“二二”保护阵型

在 4 号位队员扣球时,3 号位、5 号位队员形成第一道保护圈,1 号位、2 号位队员形成第二道保护圈,如果 2 号位队员进攻时保护阵型相反。“二二”保护阵型适用于拦回球落地比较分散时采用。

3.“三角形”保护阵型

在 3 号位队员扣球时,二传队员在网前做保护,4 号位、2 号位同时下撤到扣球队员两侧,另一名队员在扣球队员后面,形成三角形保护圈。

六、接对方处理过来球及其进攻系统

（1）接对方处理过来的球的基本阵型及其进攻系统也成为推攻系统,是接对方无攻过网的球,本方组织反攻的最有利的时机,要抓紧攻防转化节奏组织快速反击。

（2）对处理过来的弧度较高的球尽可能组织“一次攻”或“两次攻及其转移战术”。

（3）对无法组织“一次攻”或“两次攻”时,也要加快一传的速度,组织快速进攻战术。

第三节　气排球战术的运用

一、个人战术的运用

（一）准备姿势的运用

1. 接发球时准备姿势的运用

（1）以稍蹲准备姿势为基本形态，根据来球的弧度、高度、速度变化为半蹲或低蹲准备姿势；

（2）双手放在胸前，根据来球随时转化各种击球手型。

2. 接进攻性击球时准备姿势的运用

（1）以半蹲准备姿势为基本形态，双脚同肩宽，前后站立成攻击步，双脚脚跟略提起，身体重心放在双脚前半部，时刻保持身体的向前方、左前方、右前方的倾斜角度；

（2）双手放在胸前，根据来球随时转换成各种接球手型。

（二）移动步法的运用

（1）近距离采用并步、跨步；

（2）中距离采用滑步、交叉步；

（3）远距离采用跑步、综合步。

（三）准备姿势与移动运用要点

（1）时刻保持身体重心向前倾斜；

（2）要根据与球的距离和击球性质合理采用移动步法。

（四）场上队员"取位"的运用

1. 前排二传取位的运用

（1）距离体前边线 2/3 处、距离后面边线 1/3 处可保持与本队队员合理的角度。距离中线 1/2 处更有利于缩短与一传之间的距离，同时也可获得良好的传球角度。

（2）右肩对网，与球网保持约 45 度，以方便观察到本方场上队员和对方发球队员的发球路线，有利于组织进攻。

2. 接发球取位的运用

（1）前排接发球队员站位距离中线 3 米处、距离边线一臂远，另一名后排队员站在端线 2 米处；

（2）靠近边线的脚要略向前，使身体在击球时面向场地；

（3）当其中一名队员接发球时，其他队员要将身体面对接球队员，防止击球后球从自己的一侧飞出界外。

3. 后排防守取位的运用

（1）距离端线的距离以防守队员本人的身高为宜，对弧度较平的过肩球可判断为界外球。

（2）前排拦直线，后排卡斜线位，亦可前排拦斜线，后排卡直线位，相互配合，拦防一体化。

（3）拦网后面的防守队员可靠前高姿站位，要以防吊球为主。

（4）防漏线要采用低姿卡位在扣球的飞行路线上，并通过扣球者与球的高度、与球网的角度、挥臂方向、击球方法来判断球的落点。

（5）根据对方二传传球的方向和落点，迅速做出判断，立即移动到响应的位置上，正对来球准备接球。

（6）在选择前后位置时，应根据对方二传球与网的距离和扣球队员击球点的高低选择防守；如果球离网近，无人防守时，防守取位可向前；如果离网远或近网球被拦时，防守队员取位可向后。

（7）选择左右位置时，主要根据对方扣球队员的助跑路线和扣球队员起跳后人与球所保持的关系来选择防守位置，一般说来，防守位置应在对方扣球队员和球连线的延长线处。

（8）根据对方扣球的特点，采取相应的防守行动，如果对方只扣球不吊球时，取位要靠后；如果对方打吊结合时，要随时准备向前移动，如果对方扣球只有斜线，要放弃直线防斜线等。

（9）防守应根据本方前排拦网队员的情况，主动选择防守位置加以配合和弥补，重点防守前排拦网的空位。

4. "活球"状态下的移动取位

（1）身体前倾、随球移动、攻防转换、瞬间完成；

（2）时刻要保持自己与一传落点、二传落点所构成的三角形关系，使自己时刻都能清楚地观察到队友击球后球的飞行方向和落点，有利于获取合理的击球角度；

（3）当二传球传出的同时，所有队员都要保持向前移动的状态，扣球队员及时将前移转变为助跑脚步，其他队员前移进入扣球的状态来保护位置。

（五）发球个人战术的运用

1. 变换发球的性能

（1）发力量大、速度快、弧度低平的旋转球；

（2）交替发轻飘球和重飘球。

2. 控制发球的落点

（1）将球发到对方两个队员之间的连接区、边线或后场端线附近；

（2）将球发向对方参加进攻的队员的前、后、左、右；

（3）将球发给对方二传，或落在该队员跑动的必经路上；

（4）将球发给一传技术差、或情绪焦躁、或精力分散、或刚换上场的队员。

3. 改变发球的方法

（1）改变发球的位置：发球队员可采用站在端线近、中、远距离处发球，也可以站在发球区左边、中间、右边发球；

（2）改变发球的弧度：发球时，加强上旋或发左旋、右旋球，改变飞行弧度，还可以发高吊球。

4. 改变发球的速度

（1）可以采用击球点高、距网近、速度快的飘球或跳发球技术；

（2）采用高弧度、慢速度的发球方法。

5. 适时变换发球，增强攻击性和提高准确性

（1）如本方得分难，比分落后较多或遇到对方进攻强轮次等情况时，可采用加强攻击性的拼发球战术，以改变落后的状况；

（2）如本方比分领先较多时，可采用威力大的发球，以扩大战果；

（3）如本方发球连续失误或对方暂停，换人后对方处于进攻较弱的轮次或接发球连续失误时，应注意发球的准确性；

（4）如比赛处于关键时刻，发球更要注意准确性，避免无谓的失分。

（六）一传个人战术运用

（1）组织快攻战术时，如本方快攻队员来得及进行快攻，一传的弧度要低平，速度稍快，以加强进攻的节奏，如果来不及（防守后的快速反击），则应提高一传的弧度；

（2）在组织强攻战术时，一传的弧度略高些，为二传队员创造便利的传球条件；

（3）前排队员一传时，力量不宜过大，弧度应稍高，如果来球力量不大，可用上手传球，后排队员则相反；

（4）当对方第三次传球过网时，一传可用上手传球，以便更准确地组织快速反击或传给网前队员进行两次进攻；

（5）如果对方场区有较大的空位，或对方队员无准备时，一传可直接用传、垫、挡等动作将球击向对方。

（七）二传个人战术运用

（1）根据本方队员的特点和布局情况，进行合理分球，如采用集中与拉开，近网、中网或远网，弧度高与低的球等传球战术；

（2）根据对方拦网的部署，与进攻队员在时间上和位置上进行协调配合，合理选择拦网突破口，造成以多打少的局面；

（3）根据本方队员的不同起跳时间，可采用升点、降点传给以配合，用声东击西的隐蔽动作和假动作，打乱对方拦网布局；

（4）根据本方队员一传的情况，如到位球或不到位球，高球或低球，近网或远网球等，合理运用传球技术组织各种战术；

（5）根据对方防守队员的站位，在有利于自己的情况下，突然将球传入对方空位。

（八）扣球个人战术运用

1. 扣球方法运用

（1）推压腕扣过顶球，提高球的过网点，使球产生强烈的上旋，从拦网手上进入对方场区；

（2）直臂吊腕扣球，提高击球点；

（3）挑吊球、搓球、快抹球、高压球、推空位球。

2. 扣球路线运用

（1）直线与大斜线是扣球队员必须掌握的扣球路线；

（2）在形成拦网的情况下，扣出"倒八字线"；

（3）直线与斜线相结合，长线与短线相结合；

（4）直线助跑扣斜线球，斜线助跑直线扣球；

（5）向防守技术差和一直薄弱的队员扣球，或扣空位和防守薄弱的区域。

3. 扣球动作变化运用

（1）运用转体、转腕、扣球技术，突然改变扣球方向；

（2）搓打弧度球，使球产生上旋从拦网手上面进入后场区；

（3）正面扣球变为勾手扣球动作，从而改变击球时间和扣球路线；

（4）高点平打，造成球接触拦网手后飞向后场远区，或有意向两侧打手出界；

（5）双脚起跳与单脚起跳相结合,造成拦网起跳的时间差。

4. 慢扣与快扣运用

（1）快扣时,扣球队员站在 2.5 米线处面对来球,将扣球手臂侧放在髋关节以上的部位,当来球时,手臂上抬,肩部上提,快速挥臂击球；

（2）慢扣时,当二传队员将球传出同时,及时调整助跑路线,摆臂踏跳,高点击球。

（九）拦网个人战术运用

（1）拦网队员可采用拦直线起跳向侧面伸臂拦斜线或在拦斜线位置起跳拦直线的方法来迷惑对方扣球队员；

（2）改变空中拦网手的位置,如在空中拦直线时突然移动手臂改为拦斜线等；

（3）有时间可从制造假象,使对方受骗,如果假装露出空位,引诱对方扣中路,当对方扣球后即关门拦中路球；

（4）在发现对方要打手出界时,可在空中及时将手撤回,造成对方扣球出界。

二、集体战术的运用

（一）集体进攻战术的运用

（1）以 2 号位、4 号位边网攻与 3 号位中间半高球形成快慢掩护进攻战术；

（2）以 2 号位扣半高球, 4 号位平拉开扣球相互掩护的进攻战术；

（3）以对方发出的"菜球"和推攻过网的球为信号,采用插托球、传球、垫球的方法,直接将球送给本队队员做两次球进攻；

（4）当如果对方对两次球扣球形成集体拦网时,扣两次球的队员由扣球改为传球,将球转移给其他队员扣球,从而避开拦网,形成二次球转移进攻。

（二）集体防守战术

（1）在对方边网高弧度球进攻时应采用前排三人拦网、后排双卡防守阵型；

（2）在对方边网低弧度球进攻时应采用前排双人拦网、后排"边跟进"防守阵型；

（3）在对方中网高弧度球进攻时应采用前排双人人拦网、后排"心跟进"防守阵型；

（4）在对方中网低弧度球进攻时应采用前排单人拦网、后排"心跟进"防守阵型。

三、集体战术运用应注意的问题

（一）个人战术

（1）个人战术的设计与运用要建立在个人技术的基础上；

（2）个人战术的运用要有目的性、有针对性；

（3）个人战术要服从集体进攻战术设计与特点。

（二）集体战术

1. 集体进攻战术

（1）要建立在个人技术与特点的基础上。

（2）要建立以小、快、灵为主的快变战术体系与打法，组织进攻时要提高球的水平飞行速度，降低球的垂直飞行高度，加快进攻节奏。

（3）要树立"打一不打二""有二不打三"的进攻战术原则，尽可能简化进攻环节。有一次攻的机会决不留给二次攻，有二次攻的机会决不留给第三次攻；

（4）要牢记"前让后、左让右"的扣球分配原则，前排队员的主要任务是拦网与扣球保护、后排队员的主要任务是防守后转换进攻。当球在后场上空时，前排队员要让给后排队员进行扣球，当球处在队员身体左侧上空时，要让右侧的队员来做进攻性击球，防止相互干扰。

（5）建立重"防反"、保"一攻"的进攻战术体系，要遵循以"一攻"为基础、以防反为重点、以保攻为辅助、以推攻球为战机的气排球制胜规律。

（6）建立以"二次球及其转移"为重点的进攻战术打法。

2. 集体防守战术

（1）树立以前排拦网带动后排防守的观念，建立以集体拦网为核心的防守战术体系。在气排球比赛中，集体拦网是遏制对方一攻战术，组织有效的防守反攻的重要保障，是得分的有效方法。

（2）建立拦防一体化的拦防体系。做到前面拦网与后面防守分工明确，相互弥补，形成防守联合体系。

（3）建立快速的守、攻转换体系，有效的防守是高效进攻的有力保障。

第三章　气排球技术、战术练习方法示例

第一节　气排球技术练习方法示例

一、配合性技术

（一）准备姿势

1. 练习方法示例

（1）队员成两列横队相对站立，听从口令，一列队员原地成准备姿势，另一列队员检查他们的准备姿势是否正确；

（2）在跑步中听口令成准备姿势；

（3）在移动练习听口令成准备姿势；

（4）结合各种击球技术练习准备姿势。

2. 准备姿势口诀

上体前倾稍收腹，重心落在两脚尖。两手置于胸腹间，双膝内收超脚尖。抬头注视来球点，全身处于微动状。

3. 练习要点提示

（1）要培养以稍顿准备姿势为主的站立习惯；

（2）要时刻保持身体重心前移，两膝关节内扣，发力点放在脚的前部内侧。

（二）移动步法

1. 练习方法示例

（1）移动步法练习

①原地小碎步跑；

②碎步左右、前后 3 米移动；

③综合移动步法练习；

④成站立姿势，看教练员手势冲刺 6 米或 9 米；

⑤先做卧、跪、坐、撑、侧向、背向等各种姿势，然后看手势起跑；

⑥看球起动练习

a. 队员面对墙，教练员向队员方向掷出各种变换角度的球，队员转身将球接住后再抛给教练员；

b. 教练员向队员快速投出各种距离和变化的球，队员将球接住；

c. 教练员持球与队员保持适当地距离，突然将球脱手，队员冲刺将球接住。

（2）移动速度练习

①队员站在进攻线上，看信号向前移动 3 米，双手摸中线，后退至进攻线。

②重复一次后，左（右）侧移动单手摸中线，再右（左）侧移动单手摸中线，再右（左）侧移动单手摸进攻线。重复一次后，转身冲刺钻网到对场单手摸进攻线后迅速转身跑回单手摸出发的进攻线。

③半场米字型移动。

2. 移动技术口诀

判断及时快反应，抬腿弯腰移重心，移步转换衔接好，身体快移重心稳。

3. 练习要点提示

（1）重视基础训练

无球技术是气排球各项技术不可缺少的基础，是提高攻防转换速度的关键，要在练习中高度重视，坚持练习。

（2）以视觉信号为主要手段

在徒手训练中，以视觉反应为主，并结合判断各种来球的情况进行准备姿势与移动的训练。

（3）全面掌握各种准备姿势与移动步法

根据不同的技术的不同要求，学会各种不同的准备姿势与移动步法（包括各个不同的移动方向），不要忽视弱侧和逆向的移动练习。

（4）准备姿势与移动步法相结合

要学会多种不同的移动方法，才能左右兼顾，运用自如。要强化变向移动能力，才能在比赛中表现出高水平的适应能力和应变能力。

（5）与各种技术结合进行训练

准备姿势、移动与各种传、接球和扣网、防守技术联系在一起，应结合练习，并在训练中严格要求。

（6）移动步法要与击球动作相结合

快速移动只是手段，合理击球才是目的。各种移动步法的练习要与对来球的判断以及击球动作紧密地结合起来，练习效果更佳。

二、击球性技术

（一）传球技术

1. 练习方法示例

（1）正、侧面传球练习

①对墙自传球；

②两人一组，一人抛球，一人传球，然后交换；

③两人一组对面站位，相距 3 米，做传球练习；

④三人一组相距 3 米，呈三角形站位，做顺（逆）时针传球；

（2）网前二传练习

①教练员抛一传球，队员轮流在网前向 4 号位传集中球；

②三人一组，队员在 3 号位向 4 号位传集中球；

③网前二传队员交叉跑动传球；

④向 4 号位平网二传；

⑤背传 2 号位传半高球；

⑥向 3 号位传半高球；

⑦向 4 号位传小弧度球。

（3）调整二传练习

①自抛自传，从 1 号位向 4 号位调整二传；

②自抛自传，从 5 号位向 2 号位调整二传；

③移动后从 4 号位向 2 号位调整二传；

④从 1 号位移动后向 4 号位调整二传；

⑤从 5 号位移动后向 2 号位调整二传；

⑥向 2 号位、4 号位调整二传。

2. 练习要点提示

（1）传球手型和击球位置是传球技术的重要基础,要重点练习；

（2）在稳定传球手型和击球位置的基础上,逐渐增加传球的手指、手腕的用力感觉；

（3）在此基础上,要重点练习传球时的全身协调用力；

（4）练习中要循序渐进,逐渐增加传球难度,先练习原地传球,后练习移动传球,再练习跑动中传球；先练习正面传球,后练习侧面传球,再练习背后传球；先练习原地支撑传球,后练习跳传球。

（二）垫球技术

1. 练习方法示例

（1）基本技术练习方法

①对墙进行自垫球；

②两人一组,做一抛一垫练习；

③两人一组,对垫球做练习；

④三个人站成一列,一边站一个人,另一边站两个人,做移动垫球练习；

⑤打垫练习,一个人原地扣打,一个人垫球,扣球人逐渐增加扣球的力量,提高对各种距离、各种力量来球的控制能力；

⑥三人一组,一个人固定垫两个球,两人相互横向跑动垫球。

（2）接发球练习方法

①教练员半场抛球,二人接发球,轮流进行；

②教练员半场抛球,三人一组呈三角形站位接发球,每接一次轮换一个位置,完成规定次数后换下一组；

③二人接发球,联合完成规定接发球到位次数,提高分工接球的配合能力和接发球人的责任心；

④三人一组接发球；

⑤四人接发球。

（3）后排防守的练习方法

①教练员网前 2 号位扣打,队员 3 人一组在 5 号位轮流防守；

②拦网后内撤防 4 号位小斜线防守；

③2 号位拦网后转身防吊；

④防一吊球后再转身追救远高球；

⑤单人底线跑动防守；

⑥多球防守练习；

⑦三个人全场防守，互相补位并接应二传。

2. 练习要点提示

（1）垫球练习应先在简单条件下进行，要从培养兴趣入手，练习方法要因人而异；

（2）要特别重视培养垫球动作的规范化与正确化，以形成正确的动力定型，为提高技术水平打下坚实基础；

（3）加强对球性的培养，提高手臂对球的控制能力，使垫球技术向技能化、技巧化方向发展；

（4）垫球练习要与各种移动脚步、教学比赛相结合。

（三）扣球技术

1. 练习方法示例

（1）队员在网前 2 号位、4 号位做自抛自扣练习，要求队员用一只手抛球和扣球，在此基础上在 1 号位、5 号位做自抛自扣练习；

（2）教练员在网前向 4 号位、或 2 号位连续抛二传球，三个人一组，连续扣 10～30 个球；

（3）教练员站在网前向 2 号位或 4 号位抛球，连续抛两个球，一个人助跑扣球，一个人原地扣球。

（4）教练员站在后场区，向网前抛一传球，网前一人做二传，其他队员做 2 号位、3 号位、4 号位扣球；

（5）教练员在对面场地抛发球，后场区一人做一传球，网前一人做二传，其他三个人接发球后扣球练习；

（6）教练员在对面场地抛发球，后场区一人做一传球，网前一人做二传，其他三个人接发球后进行直线、斜线扣球；

（7）扣"两次球"练习，教师在对面场地掷轻球，三个人接发球，接球者直接将球传到 2 号位或 4 号位进行扣球；

（8）2 号位、4 号位直线助跑扣斜线，斜线助跑扣直线；

（9）结合对方设置单人或双人拦网的扣球练习。

2. 练习要点提示

（1）要重点练习，反复强化、巩固，熟练掌握正确的扣球手法。

（2）解决好扣球时人与球的位置关系，可将技术分解练习，然后再将完整动作练习相结合。

（3）扣球练习要安排在传垫球技术练习之后，因为扣球练习可以提高练习者的积极性，如安排在前段，对其他的技术学习有影响。

（4）初学扣球时应由教练员和技术水平较好的队员担任二传，有利于初学者掌握扣球技术。

（5）提高实战中的扣球运用能力，要加强对抗中和串联中的扣球练习，特别是加强在激烈对抗和连续动作中的扣球练习，以提高扣球的实际运用能力。

（四）发球技术

1. 练习方法示例

（1）抛球练习

①队员间隔2米，面对教师站在场地内，在同一口令下做抛球练习；

②队员两人一组做抛球练习，相互检查、纠错。

（2）击球练习

①半场击球练习，体会击球手法、击球部位；

②发球区发球，在体会击球手法、击球部位的基础上，重点体会击球力量；

③固定抛球高度、击球手法、击球部位、击球力量、发球距离限制下的发球练习；

④巩固发球技术动作，提高发球质量练习；

⑤规定一项发球技术动作练习，每10次为一组；

⑥每人连续完成5次发球，失误一个扣除一个，直到成功5次为止；

⑦发准练习，将场地分为两个半区，每区内发5个球，检验成功率。

（3）结合实战练习

①一个人发球，三个人接发球，10个球为一组，检验发球成功率、破攻率和得分率；

②教学比赛，计算每局个人发球的成功率、破攻率和得分率。

2. 发球练习要点提示

（1）发球技术练习应遵循由易到难、由简到繁、循序渐进的原则，在练习安排上通常是先练习下手发球，再练习上手发球，再练习飘球，最后练习勾手大力发球和跳发球技术；

（2）练习中要抓住抛球和击球两个关键动作，因为抛球是前提，击球是关键和难点，抓住抛球和击球这两个关键环节，强调抛球要平稳，挥臂动作

迅速协调,击球准确;

（3）在发飘球练习中,首先要明确飘球的原理,让练习者能主动思考发飘球的动作方法,体会击球用力的方向、手法和击球的部位;

（4）要将发球练习安排在两个大运动量练习之间或练习课的结束前进行;

（5）在练习中要做到五固定,"站位与距离固定""抛球高度固定""击球部位固定""击球手法固定""击球力量固定"。

（五）拦网技术

1.练习方法示例

（1）网前徒手练习

①队员面对球网按2号位、3号位、4号位在网前站位,在教练员的口令下做原地拦网练习;

②队员面对球网按2号位、3号位、4号位在网前站位,在教练员的口令下做原地起跳拦网练习;

③队员两人一组位于网柱一侧隔网站立,沿中线向另一端做滑步或交叉步移动拦网练习;

④队员两人一组位于网柱一侧成双人拦网站位,运用滑步向另一端做移动,依次做2号位、3号位、4号双人拦网练习;

⑤2号位、4号位各一名队员网前拦网准备,3号位队员站成一路纵队,3号位队员做一次拦网后,迅速运用交叉步向2号位移动,与2号位队员一起做集体拦网,落地由3号位移动队员站到2号位上,原2号位队员退到3号位队尾。另一侧按此进行练习;

⑥两名队员隔网站立,一名队员做徒手跑动扣球,另一名队员做相应拦网动作。

（2）结合球练习拦网

①教练在高台扣球,朝拦网者的手上打,要求拦网者注意体会手型及手感;

②两人一组,一个人自抛自扣,一个人拦网,朝拦网者手上扣,要求拦网者注意体会手型、手感并掌握好起跳时机;

③一组队员做扣球练习,另一组队员做拦网练习,相互对抗。

（3）不同扣球路线的拦网手型变换练习

①教练在高台扣球,明确扣球路线,要求拦网者注意体会拦不同路线时

的手型变化；

②两人一组，一人自抛自扣，一人拦网；

③规定扣球路线的一般扣球下的单人拦网练习。

（4）判断扣球路线的拦网练习

①两人一组，一个人自抛自扣，一个人拦网，扣球可任意变换路线；

②一般扣球练习加单人拦网。

（5）提高拦网者移动脚步能力的练习

①教练员隔网向两边抛球过网，要求队员移动后垂直起跳拦网；

②教练员根据练习者的水平控制抛球的密度和两球之间的距离。

（6）双人移动后配合拦网练习

①一组4号位扣球，另一组2号位、3号位做网前拦网准备，待对方向4号位传球时，及时向2号位移动，与2号位拦网队员一起形成双人拦网；

②3号位队员单人拦对方快球一次，立即向2号位或4号位移动，与主拦网队员组成双人拦对方的强攻扣球。

（7）三人拦网练习

①以3号位队员网前中间站位，2号位、4号位队员在3号位左右，在相距1米处取位，随着教师口令，同时向2号位、4号位做移动拦网；

②利用对方2号位、3号位、4号位扣球做移动拦网。

2.练习要点提示

（1）在拦网的教学中，应该以学习单人拦网技术为主，重点抓好拦网的判断、取位、起跳，伸臂，手型，拦击动作；

（2）在熟练掌握单人拦网技术的基础上，学习集体拦网中主拦网与副拦网的分工、移动取位、拦网手法等相互配合技术；

（3）要增多结合扣球的拦网练习和防守反击的练习，使拦网、保护、防守及反攻扣球等技术相互串联和衔接，以提高拦网的实战效果。

（六）气排球特色技术

1.插托球

（1）练习方法示例

①面对墙一米持球站立，利用墙体反弹做插连续托球练习；

②面对球网0.5米持球站立，利用球网反弹做连续插托球练习；

③两人一组，相距3米，一个人抛有弧度的球，另一个人做插托球练习，适时交换；

④两人一组,相距 6 米,一个人掷低平球,另一人做插托球练习,适时交换;

⑤教练员在 2 号位或 4 号位抛隔网平网球,队员在 1 号位或 5 号位呈一路纵队轮流做插托球练习;

⑥教练员在 2 号位或 4 号位扣打,队员在 1 号位或 5 号位呈一路纵队轮流做插托球练习;

⑦教练员在 2 号位或 4 号位隔网扣打,队员在 1 号位或 5 号位呈一路纵队轮流做插托球练习;

⑧一发两接练习,一个人大力发球,两个人利用插托球技术接发球,可制定指标,考核完成率。

2. 抱球练习方法示例

①每人一球,连续自抛自抱,规定高度,制定每组完成的次数;

②两人一组,交替做抱球练习;

③两人一组,相距 3 米,一个人抛有弧度的球,另一个人做抱球练习,适时交换;

④教练员在 3 号位抛高弧度球,队员呈两路纵队在 1 号位、5 号位轮流向 3 号位做抱球练习;

⑤教练员隔网抛球,队员在 1 号位、5 号位呈两路纵队轮流向 2 号位、4 号位交叉抱球;

⑥教练员在端线向 2 号位抛球,队员由 3 号位向 2 号位移动,利用抱球技术将球抱送到对角的 4 号位上,亦可反之进行练习,也可结合扣球练习。

3. 捧球练习方法示例

①面对墙一米持球站立,利用墙体反弹做双手捧球练习;

②两人一组,相距 3~6 米,一个人掷低于腹下的平球,另一个人做双手捧球练习,适时交换;

③两人一组,相距 3~6 米,一个人扣打,另一个人做双手抱球练习,适时交换;

④两人一组,相距 5 米,一个人抛有弧度的球,另一个人做单手捧球练习,适时交换;

⑤教练员在 3 号位抛高弧度球,队员呈两路纵队在 1 号位、5 号位轮流做单手捧球练习;

⑥教练员隔网抛球,队员在 1 号位、5 号位呈两路纵队轮流做捧球练习;

⑦教练员隔网抛球,队员在短线中部呈一路纵队轮流做单手捧球练习;

⑧教练员向场外抛球,队员随球移动,利用单手捧球技术将球救起;

⑨一队发大力球,另一队两人一组运用插托球的方法接发球;

⑩组织教学比赛,要求必须利用气排球特色技术进行击球,否则按"犯规"处理。

4.特色技术练习要点提示

（1）特色技术训练要经常化;

（2）要作为接发球、接扣球、后排防守的重要技术来练;

（3）要将特色技术训练与战术训练、比赛相结合,使其运用自如,得心应手。

第二节 气排球战术练习方法示例

一、个人战术

（一）二传个人战术

1. 练习方法示例

（1）教练员在后场区抛一传球,二传队员依次连续传出 4 号位的拉开球、3 号位的半高球、背传 2 号位的集中球;

（2）对面网前设 2 号位、3 号位、4 号位队员,教练员在后场区抛一传球,二传队员做隐蔽传球,如果能使队员不形成集体拦网为完成传球,否则为失败;

（3）结合一攻、防反传战术球。

2. 练习要点提示

（1）提高二传球的熟练程度,不断提高二传球的稳定性和隐蔽性;

（2）要善于变换二传球的节奏与速度;

（3）要善于观察对方防守的漏洞;

（4）要善于利用二传球的节奏和速度带动本队的进攻节奏。

（二）扣球个人战术

1. 练习方法示例

（1）培养运用各种扣球技术手法的熟练性,提高扣球的攻击性和稳定性；

（2）设置单人、集体拦网和跟进防守队员，队员要通过观察队员的拦防体系选择扣球方法和路线；

（3）设计拦防漏洞，培养扣球队员运用扣球个人战术的能力。

2. 练习要点提示

（1）扣球战术练习一定要建立在扣球技术不断熟练和稳定的基础上；

（2）扣球战术练习要有针对性；

（3）培养扣球者在扣球时对拦网以及保护阵型的观察与判断能力。

（三）发球个人战术

1. 练习方法示例

（1）设定发球区域，每 6 个球为一组，制定完成指标；

（2）发轻、重两种球，每 6 个球为一组，制定完成指标；

（3）发前场区、后场区球，每 6 个球为一组，制定完成指标；

（4）结合攻防练习，发球找区、找人，培养个人战术运用能力；

（5）结合教学比赛，发大力球和轻飘球，提高个人战术实战能力。

2. 练习要点提示

（1）要在熟练掌握轻、重两种发球方法的基础上；

（2）重点练习针对性地找区、找人发球；

（3）要在稳定性的基础上增加攻击性。

（四）拦网个人战术

1. 练习方法示例

（1）设定扣球队员必须按"平打""打手出界"两种方法进行扣球，同时设定甲、乙两名拦网人，甲做拦网，乙在场外预判扣球人的战术意图，并及时大声喊出扣球的个人战术名称。

（2）拦扣球时，拦网者要及时判断并喊出扣球者的扣球战术意图并及时作出拦网个人战术的应对方法。

（3）设定扣球人打手出界，拦网者练习外手里包或撤手。

二、集体战术

（一）进攻战术

1. 一攻战术

（1）教练员在后场区抛一传球，3 号位二传队员将球交替传给 4 号位、

2 号位队员进行扣球；

（2）教练员在 5 号位供球，二传队员在 2 号位将球传 3 号位队员扣快半高球和 4 号位队员拉开球；

（3）教练员在对面半场区抛发球，1 号位队员垫一传，4 号位、3 号位队员做快慢掩护进攻，亦可用此方法进行各种战术练习；

（4）教练员隔网发球，5 号位或 1 号位队员接发球，3 号位队员传球，2 号位、4 号位扣球进攻；

（5）分为二组，一组练习发球，另一组练习"一攻"，适时交换。

2. 防反战术

（1）教练员在对区 4 号位高台扣球，本方双人拦网，其他队员按要求参与防反；

（2）教练员在对区 4 号位高台抛各种被拦回球，场上队员防反战术串联练习；

（3）教练员隔网抛球，接发球组织队员做防反练习；

（4）教练员发球，队员做防反练习。

3. 保攻战术

（1）队员按 2 号位、3 号位、4 号位、5 号位站位，对面设置 2 号位双人拦网，教练员在进攻方后场区抛一传球，2 号位队员传球，4 号位队员扣球，3 号位、5 号位队员保攻，即可在 2 号位做保攻练习。

（2）队员在 3 号位扣球，4 号位、2 号位、5 号位队员做保攻练习。

4. 推攻战术

教练员抛过网球，队员在"一攻""防反"练习中利用变换球速、节奏来组织进攻战术。

5. "二次球"及其转移战术

（1）队员按 2 号位、3 号位、4 号位做接发球，教练员在对面隔网抛处理球，接球队员利用传球或插托球技术直接向队员做二传球，其他队员做"二次球"进攻；

（2）队员按 2 号位、3 号位、4 号位做接发球，教练员在对面隔网抛处理球，接球队员利用传球或插托球技术直接向队员做二传球，其他队员做"二次球"佯攻，然后将球传给其他队员做实攻；

（3）在做攻防战术练习和教学比赛中，设计完成一次"二次球"及其转移战术记双份的办法，鼓励队员多做"二次球"及其转移战术。

6. 战术串联

（1）利用攻防对抗练习来培养队员"一攻""防反""保攻""推攻""二次球"及其转移战术的串联能力和熟练程度,在防转换中提高攻防战术质量;

（2）利用教学比赛提高进攻与防守战术的实战效果。

在集体进攻训练中,单练是基础,小配合是核心,合练是关键。并要遵循以下原则:在快速移动中训练,在突然变化中训练,在连续动作中训练,在激烈对抗中训练。

（二）防守战术

气排球的防守战术主要指前排队员拦网和后排防守的个人战术相互配合、互相弥补所形成防守战术系统。

1. 单人拦网下的拦防配合

（1）在对方 4 号位轻扣球或掷球或队员扣球,本方 2 号位队员拦大斜线、5 号位队员防直线,连续进行,亦可在 2 号位做此练习;

（2）教练员在对方 3 号位轻扣球或掷球或队员扣球,本方 3 号位队员拦中线,4 号位、2 号位队员防小斜线。

2. 双人拦网下的拦防配合

（1）教练员在对方 4 号位轻扣球或掷球或队员扣球,本方 2 号位、3 号位队员拦直线和大斜线,1 号位队员边跟进防吊球,4 号位队员防小斜线,5 号位队员防后场区大斜线;

（2）教练员在对方 2 号位轻扣球或掷球,本方 4 号位、3 号位队员拦直线和大斜线,5 号位队员边跟进防吊球,2 号位队员防小斜线,1 号位队员防后场区大斜线;

（3）教练员在对方 4 号位、3 号位之间附近扣球或掷球或队员扣球,本方 2 号位、3 号位队员拦网,1 号位、5 号位、4 号队员在拦网人后面形成马蹄形防守圈,如队员在 2 号位、3 号位之间扣球,则 4 号位、3 号位队员拦网,1 号位、5 号位、2 号位队员在拦网人后面形成马蹄形防守圈。

3. 三人拦网下的拦防配合

教练员在对方 4 号位、3 号位之间附近扣球或掷球或队员扣球,本方 2 号位、3 号位、4 号位队员拦网,1 号位、5 号队员在后场区各守半区。

（三）练习要点提示

（1）集体战术要与个人战术紧密结合;

（2）要设计长期、稳定的集体战术，不可朝令夕改；

（3）要与实战相结合。

第四章　气排球运动养护

气排球运动是大众健身娱乐性的体育运动,从这一点出发,养护是运动健康的重要保障。没有科学的运动养护,就不可能保证其运动的健身性。气排球运动是手段,健身娱乐才是目的,不以健身娱乐为目标,气排球运动将失去意义。笔者近年来走访了诸多省市的气排球俱乐部(队),绝大多数的运动者不做准备活动和运动后放松整理活动,都是在一起打圈,甚至有直接分为两队进行比赛,这种情况极易发生关节、肌肉损伤,甚至直接引发心血管疾病、呼吸系统疾病和加剧过度疲劳。

第一节　养护的基本内容

气排球运动的养护是指参加运动者根据机体所要承担的生理负荷量在运动前、中、后所进行的必要的养护性活动。

一、养护内容分类

养护内容主要包括运动前准备活动、运动中运动负荷量监控、运动后恢复三方面内容,运动前准备活动又包括一般准备活动和专项准备活动。

二、运动养护的主要任务

(一)运动前准备活动的主要任务

1. 一般准备活动的主要任务

加大关节的活动幅度,提高身体的核心温度、肌肉温度,使关节更灵活,肌肉更松弛,从而达到全面调整机体的各种器官、系统灵活性,逐步提高工作强度。

2. 专项准备活动的主要任务

利用接近比赛的运动强度、速度和较大动作幅度的动态肌肉活动，加大主要关节、韧带的活动幅度，将心率、肌肉温度调整到比赛的唤醒水平，使身体的呼吸系统、循环系统、神经系统、运动器官达到准运动状态，以保证最大限度地发挥机体运动能力，同时也有效地降低运动损伤风险。

（二）运动中运动负荷量监控

利用个体心率指数的科学监控在参加运动时的生理负荷量，以便有效调控。

（三）运动后恢复

主要依靠整理活动和物理方法消除疲劳，防止疲劳的累积进而形成过度疲劳，以便更好地参加运动。

三、运动养护的主要内容

（一）准备活动内容

1. 一般性准备活动内容

（1）关节绕环

主要为颈、肩、腰、胯、膝、腕、指、踝关节和韧带。

（2）静态拉伸

主要对参加运动的肌肉、韧带、做绕环和静力拉伸；重点对主要用力肌群，如肩部肌群、腰背肌群、下肢前、后肌群、跟腱做深度静力拉伸。

（3）慢跑

主要利用各种跑步进行热身，提高身体温度，增加心率次数和呼吸的深度与频率，增加血液流量、血液氧气和血中营养给肌肉。

（4）行进间练习

主要利用各种行进间体操、跳跃性练习对运动关节、韧带、肌肉，有针对性地对腰部、挥臂的肩部、膝部和指腕、踝部等专项"发力关节"做深度绕环和动态拉伸。

2. 专项准备活动内容

主要结合气排球基本技术练习建立最适宜神经和肌肉的联系。

第二节　运动前一般性准备活动方法

一、慢跑

1. 慢跑需要注意的问题

慢跑时运动心率应控制在最大运动心率的 50% ~ 60%。时间控制在 5 ~ 10 分钟，同时也要参考场地温度因素，温度高则短，温度低则长，要合理掌握时间和强度，身体微微出汗为宜。

2. 慢跑方法

（1）先进行顺时针、逆时针方向跑、变向跑和折返跑等；

（2）后进行交叉步跑、前后踢腿跑、高抬腿跑、跨步跑等。

二、关节绕环方法

1. 肩部环绕

双腿分开与肩同宽，手臂自然下垂，腹部用力收紧，双肩利用肩背肌群力量向后环绕 10 次，再向前环绕 10 次。单肩左右交替向后环绕、向前环绕各 10 次。（图 4-2-1）

（1）　　　　　　　　　　　（2）

图 4-2-1

（3）　　　　　　　　　　（4）

（5）　　　　　　　（6）　　　　　　　（7）

图 4-2-1

2. 摆胯及绕胯

身体直立，双腿分开略比肩宽，双腿微屈，手放在胯骨上。上身挺直，利用腰胯力量使髋部左右各摆动 10 次，注意腹部收紧。然后顺时针、逆时针各环绕 10 圈。（图 4-2-2）

（1）　　　　　　　　（2）　　　　　　　　（3）

图 4-2-2

3. 扭膝旋转

两腿并拢、屈膝半蹲、两手扶膝、轻轻转动膝部，可以先从左至右转动，再从右至左转动，各自转动或交替转动 10～15 次，然后逐渐加大绕环幅度。（图 4-2-3）

（1）　　　　　　　　　　（2）

图 4-2-3

（3）

（4）

（5）

（6）

（7）

图 4-2-3

4. 踝关节环绕

　　身体直立,抬起右脚离地 15 厘米左右,脚尖固定,脚踝关节绕环,顺时针、逆时针各 10 圈,而后换左脚,逐渐加大绕环幅度。（图 4-2-4）

（1）

（2）

（3）

（4）

图 4-2-4

三、腿部肌肉拉伸方法

1. 拉伸部位：大腿后肌群、股内收肌、臀肌、竖脊肌。

2. 运动员坐姿，两腿分开成 V 字形，从臀部开始缓慢地向前压，背部保持平直，压至大腿后肌群感到被拉紧，这个练习应完成左、中、右三个方向。（图4-2-5）

（1）

（2）

（3）

图 4-2-5

3. 拉伸腹股沟肌肉和韧带

运动员坐直，脚底相对，膝盖外展；双手握脚，双肘下压两膝；背部保持平直，压至大腿内侧（腹股沟）感到被拉紧。（图4-2-6）

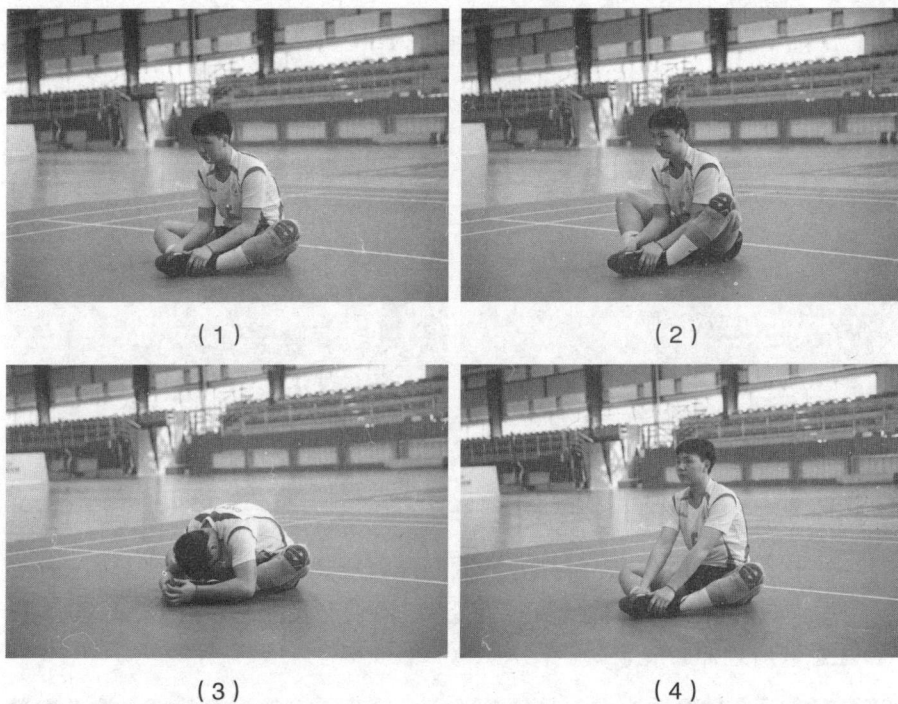

（1）　　　　　　　　　　（2）

（3）　　　　　　　　　　（4）

图 4-2-6

4. 拉伸股内收肌

运动员仰卧，一条腿的膝盖弯曲，该脚外展放于地面，另一条腿伸直；换腿，重复上述练习。（图 4-2-7）

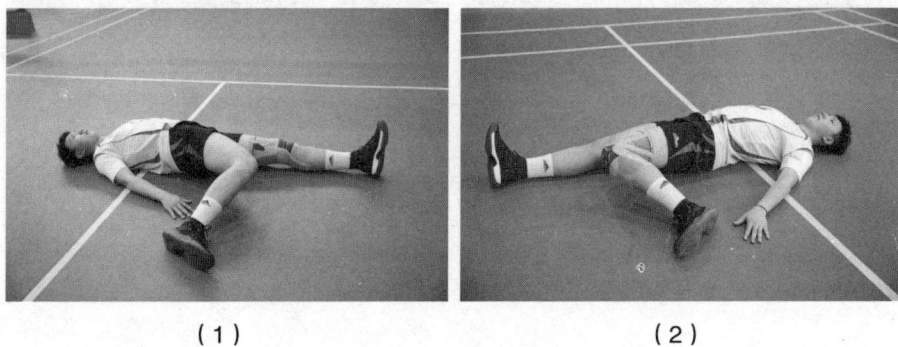

（1）　　　　　　　　　　（2）

图 4-2-7

5. 拉伸臀肌、竖脊肌

运动员仰卧，一条腿膝盖稍稍弯曲，将另一条腿屈膝拉直了胸前，直至感到肌肉被拉紧；换腿，重复上述练习。（图 4-2-8）

（1）   （2）

图 4-2-8

6. 拉伸臀肌、缝匠肌、腹肌、阔筋膜张肌、竖脊肌

运动员仰卧呈大腿后肌群拉伸姿势，慢慢交叉两腿，尽力拉到 90 度位置，注意双肩拉伸时展平。（图 4-2-9）

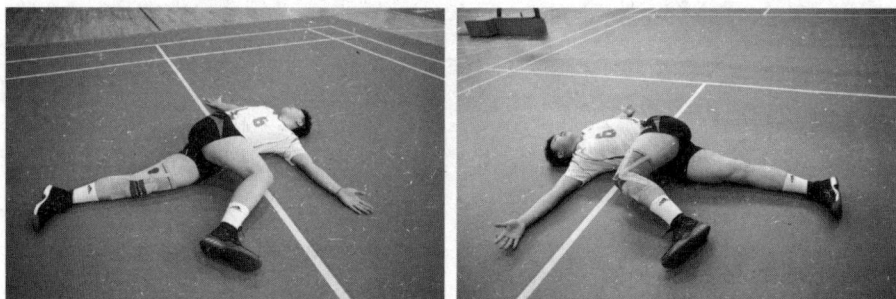

（1）   （2）

图 4-2-9

7. 拉伸大腿后肌群、腓肠肌、部分臀肌

运动员仰卧，单手扳脚尖直膝拉向胸前，再慢慢展开，收缩腓肠肌。（图 4-2-10）

（1）　　　　　　　　　　　（2）

图 4-2-10

8. 拉伸梨状肌、臀肌、阔筋膜张肌

运动员仰卧，左腿交叉过右膝，左踝放在右膝上，背、双肩、头贴地，背部保持平直，抱住右腿慢慢拉，直到感到左臀肌被拉紧；换腿，重复上述练习。（图 4-2-11）

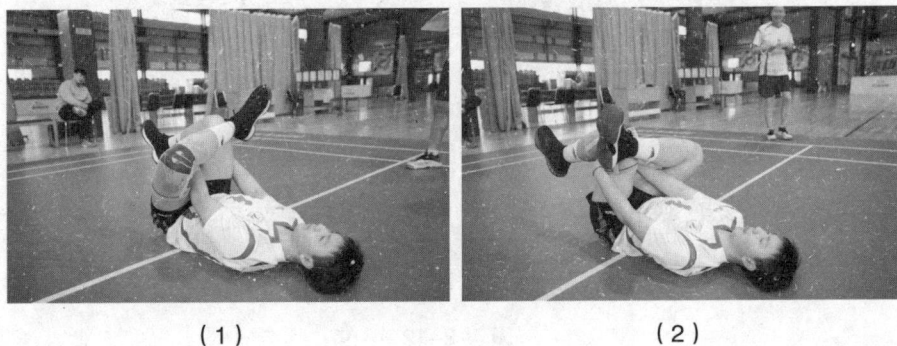

（1）　　　　　　　　　　　（2）

图 4-2-11

9. 直立与侧卧拉伸

（1）拉伸部位：股四头肌、髂腰肌、胫骨前肌。

（2）拉伸方法：运动员直立或侧卧，用手提起左脚，将脚跟拉向臀部，向前提左臀，拉伸臀屈肌。（图 4-2-12）

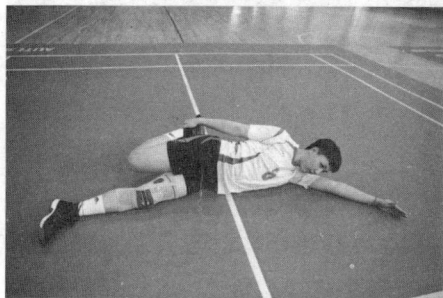

（1）

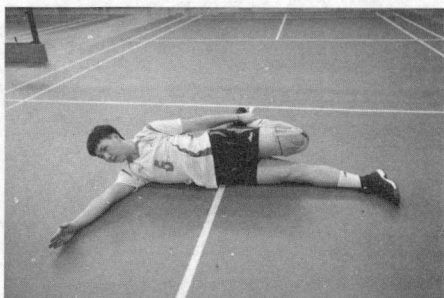

（2）

（3）

（4）

图 4-2-12

10. 交叠拉伸

（1）拉伸部位：竖脊肌、臀肌、腹肌。

（2）拉伸方法：运动员坐直，右手放在身后，将头和双肩转向手，左腿伸直，将右腿弯曲跨过左腿，用左肘将右膝推过身体，直至感到右臀肌和躯干被拉伸；换腿，重复上述练习。（图4-2-13）

图4-2-13

11. 拉伸腓肠肌

（1）拉伸部位：腓肠肌、比目鱼肌。

（2）拉伸方法：运动员双手扶地，支撑身体，将后面一条腿的脚后跟向后压，同时保持直腿，可以用一条腿进行拉伸，也可以用两条腿同时拉伸。（图4-2-14）

（1）　　　　　　　　　（2）

图4-2-14

（3）　　　　　　　　　　　（4）

图 4-2-14

12. 弓步压腿

（1）拉伸部位；髂腰肌、股直肌。

（2）拉伸方法：运动员直立，左脚向前跨出成弓箭步，膝盖向前顶并超过脚后跟，向前推压直腿一侧的臀部。（图 4-2-15）

（1）　　　　　　　　　　　（2）

图 4-2-15

13. 侧压腿

（1）拉伸部位：股内收肌（腹股沟）和大腿后群肌。

（2）拉伸方法：运动员侧开立，慢慢向左成弓箭步，直背，两脚成 45 度，左膝移动不能超过左脚尖。（图 4-2-16）

（1）　　　　　　　　　　　　　　　　（2）

图 4-2-16

四、腰腹肌拉伸方法

1. 拉伸部位：腹肌和腹斜肌。

2. 拉伸方法：运动员俯卧后，双手扶地，双臂支撑挺身，将自己的上体支撑起来，上体慢慢后仰，头微微向上抬起，直到感到腹肌被拉紧。（图 4-2-17）

图 4-2-17

五、肱二头肌、肱三头肌、斜方肌、三角肌和胸肌拉伸

1. 单臂侧拉伸（图 4-2-18）

（1）　　　　　　　　　（2）

图 4-2-18

2. 大臂拉伸（图 4-2-19）

（1）　　　　　　　　　（2）

图 4-2-19

六、胸肌拉伸方法

1. 拉伸部位：胸大肌、前三角肌。
2. 拉伸方法：双手抓住运动员的上臂，用力向后压双肘。（图 4-2-20）

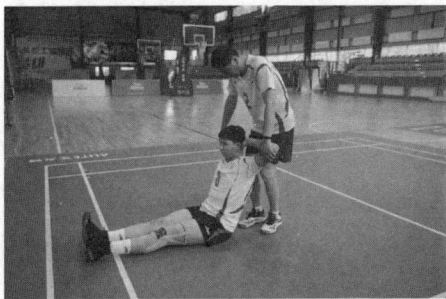

图 4-2-20

七、双肩肱二头肌、前三角肌、胸大肌拉伸

运动员双臂向后伸直，掌心相对，同伴双手抓住练习者的两只手腕，使双臂上抬，直至运动员感到拉伸。（图 4-2-21）

图 4-2-21

八、肱三头肌、斜方肌拉伸

两人一组,双脚略宽于肩。双臂相互搭在对方肩上,屈体下压和侧体下压,压到拉伸点处停留 10 秒,然后重复进行。(图 4-2-22)

（1）

（2）

（3）

图 4-2-22

图 4-2-23

九、仰卧大腿后群肌拉伸

1. 拉伸部位：大腿后群肌、腓肠肌、一部分臀肌。

2. 拉伸方法：运动员躺在地上,右腿伸直,同伴抓住运动员左脚脚后跟,向上提腿,拉伸大腿后肌群。(图 4-2-23)

十、徒手操

1. 头部运动

头部向前、后、左、右伸展和绕环。（图 4-2-24）

（1）

（2）

（3）

（4）

图 4-2-24

（5） （6） （7）

图 4-2-24

2. 肩部运动

先做伸臂前后摆动、振动，然后做肩绕环。（图 4-2-25）

（1） （2）

图 4-2-25

（3）　　　　　　　　　（4）

图 4-2-25

3. 扩胸运动（图 4-2-26）

（1）　　　　　　　（2）　　　　　　　（3）

图 4-2-26

十一、行进间练习方法

1. 踢腿

（1）正踢腿（图 4-2-27）

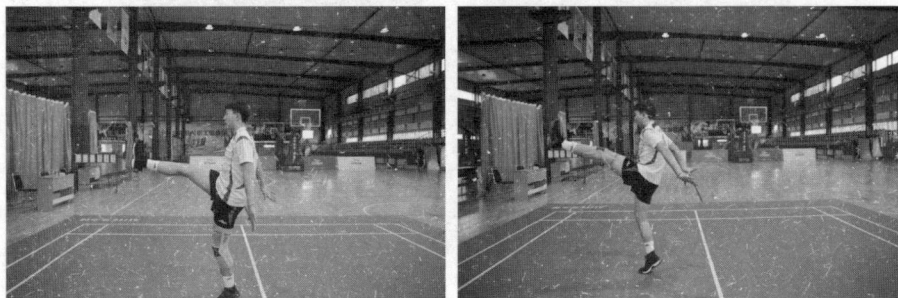

（1）   （2）

图 4-2-27

（2）侧踢腿（图 4-2-28）

（1）   （2）

图 4-2-28

2. 踢腿跑

（1）前踢腿跑（图 4-2-29）

（1）　　　　　　　　　　　（2）

图 4-2-29

（2）后踢腿跑（图 4-2-30）

（1）　　　　　　　　　　　（2）

图 4-2-30

3. 跨步跳（图 4-2-31）

（1）　　　　　　　　　（2）

图 4-2-31

十二、专项准备活动方法

1. 两人一组，相对 6～8 米，双手抛掷球。

2. 两人一组，相对 6～8 米，单手抛掷球。

3. 传、垫球练习。

4. 打垫练习。

5. 防守练习。

6. 传、扣球。

7. 发球练习。

十三、运动前准备活动应注意的问题

1. 要按着慢跑—静态拉伸—徒手操—行进间练习—专项准备活动的顺序进行。

2. 准备活动的时间一般冬季为 20～25 分钟，夏季为 20 分钟以内，春秋季节还要结合自身的体能情况，合理制定准备活动时间，要合理控制运动量。

3. 准备活动要遵循活动节奏从慢到快，活动幅度从小到大，拉伸先静态后动态,关节活动顺序要先大关节后小关节,拉伸到极限时要静止停留 10 秒以上,然后慢慢放松。

4. 躯干拉伸顺序依次为背部(躯干)—臀部—大腿后肌群—腹股沟(内收肌)—股四头肌—腓肠肌—踝、脚,颈部和上肢的拉伸顺序依次为肩部肌群—手臂—手腕、手—颈部。

第三节　运动中、后运动量的监控与恢复

一、运动中的运动量监控

（一）作用

利用运动者在运动时的个体心率指数监控其运动量,以便有效调控在运动中的运动强度和运动量。

（二）方法

1. 测试安静心率

连续三天在早晨刚醒来还未起床时测量一分钟的脉搏数,然后取平均值即为平均安静心率,例如 25 岁测试者的安静心率为(68+70+69)÷3=69次／分,63 岁测试者安静心率为(65+64+66)÷3=65 次／分。

2. 测定最大心率

用 220 减去你的年龄就是最大心率,例如 25 岁测试者的最大心率为220-25=195 次／分,63 岁测试者的最大心率为 220-63=157 次／分。

3. 测定储备心率

用最大心率减去安静心率就是储备心率,例如 25 岁测试者的储备心率为 195-69=126 次／分,63 岁的人测试者的储备心率为 157-65=92 次／分。

4. 测定目标心率的阈值

（1）测定目标心率下阈

储备心率 ×0.6+ 安静心率 = 目标心率下限,例如 25 岁测试者目标心率的上限为 126×0.6+69=144 次／分,63 岁测试者目标心率的下限为92×0.6+65=122 次／分。

（2）测定目标心率上阈

储备心率 ×0.8+ 安静心率 = 目标心率下限,例如 25 岁测试者目标

心率的上限为 $126×0.8+69=170$ 次／分，63 岁测试者的目标心率上限为 $92×0.8+62=137$ 次／分之间。

（3）目标心率的阈值

25 岁测试者的目标心率阈值为 $144\sim170$ 次／分，63 岁的测试者为目标心率阈值为 $122\sim137$ 次／分。

（4）最佳目标心率

测试者的（目标心率的下限值＋目标心率的上限值）÷2＝最佳运动心率阈。例如 25 岁的人的最佳锻炼心率为 $(144+170)÷2=157$ 次／分，60 岁的人的最佳锻炼心率为 $(122+137)÷2=129$ 次／分。

三、运动后恢复

有运动就会产生疲劳，消除运动疲劳除了依靠自身机能调节外，采用运动后恢复方法对消除疲劳具有显著效果。

（一）方法

1. 放松跑

训练后采用 $8\sim10$ 分钟与深呼吸配合的放松跑。

2. 静力拉伸

（1）上肢肌肉：肱三头肌、三角肌、胸部肌肉。

（2）下肢肌肉：股四头肌、臀大肌、髂腰肌、背肌。

（3）静力拉伸方法与准备活动拉伸方法相同。

3. 按摩

采用揉捏、按压、扣打等手法，在肌肉发达的部位可用肘顶、脚踩。按摩应先全身后局部，先按摩大肌肉群后按摩小肌肉群。

4. 温水浴

温水浴也是理疗的一种方法，是最方便、最快消除疲劳的方法之一，水温以 40 摄氏度左右为宜，时间一般为 $10\sim15$ 分钟为宜。

5. 补水

补水最好选择运动饮料，也可以自制白开水＋糖＋盐的饮料。不要饮用高浓度的果汁饮品，更不可豪饮白开水。饮水要适量，以免增加心脏负担，增加排汗量，加重脱水。

（二）运动后恢复应注意的问题

（1）拉伸最好在运动结束后立即进行；

（2）运动后的伸展练习以下肢及腰部为主；

（3）肌肉伸展的幅度应该逐渐增加,使酸痛的肌肉逐渐受到最大幅度的持续伸展；

（4）将酸痛的肌肉伸展至最大幅度时,应保持 30 分钟以上，2～3 次为一组。

第五章　气排球教学能力培养

第一节　气排球教学的任务与方法

一、气排球教学的基本任务

1. 通过气排球教学,掌握气排球运动的基本知识、技术、战术的原理和方法,培养学生参加气排球运动和教学的能力。

2. 通过气排球教学,培养学生良好的思想品德,磨炼他们的意志品质,培养其严密的组织性和纪律性,养成团结协作、顽强拼搏的精神和竞争意识。

3. 促进学生身体机体、体能的全面发育与发展,为提高学生的体质、健康水平和运动能力打好基础。

4. 掌握开展气排球活动与气排球竞赛的组织方法,并具备担任气排球裁判员的能力。

5. 掌握科学锻炼身体的方法和习惯,并具备气排球项目的社会体育指导员的能力。

二、气排球教学方法

气排球教学方法是为完成气排球教学任务,依照气排球教学原则所采取的具体方式和手段,这其中包括教师的教法和学生的学法,教法概括起来主要有语言法、直观法、完整法、分解法、预防与纠错法、相似技术教学法、发现教学法、程序教学法,学法主要有自我暗示、默念等方法。

第五章　气排球教学能力培养

（一）语言法

语言法又称讲解法，是指教师在教学中运用各种形式的语言指导学生学习的方法。在气排球教学中，语言是教师向学生传授知识技能和传递情感的重要工具。生动、形象、逻辑思维缜密的讲解，对学生知识、技能的掌握具有重要作用。富有亲和力的语言有助于提高学生学习的积极性和主动性。包括讲解、提示、口令指导、口令式评定。

1. 讲解

主要对课的任务与目标、动作方法、原理、要领、技术战术环节和技术关键、练习要求等进行语言阐述。语言法要简明扼要，要具有逻辑性，启发性，要运用规范的专业术语。

2. 提示

在技术、战术教学中，对技术关键进行口令式提示，可起到与动作练习同步的提示作用，有助于正确动作的建立。

3. 口令

主要用于学生在练习中的队形的调动。

4. 口头评定

主要指在气排球教学中，教师对学生在完成技术、战术时及时给予的口头评价，例如正确、错误、好、不好等，学生可及时获得完成动作的信息。

5. 默念与自我提示

默念与自我提示是学法，自我提示主要用于学生在动作练习默念动作要领与技术关键字句，例如练习扣球助跑步法时要自我提示一慢、二快、三制动。默念主要用于练习中与练习同步默念技术的关键字句，例如垫球时要默念夹臂、蹬地。采用徒手模仿、间接练习或器材辅助，以建立正确的技术定型，一般用于开始学习与掌握某项技术，或为改进某一技术的错误动作。

6. 讲解法要点

（1）理论讲授要突出重点，层次清楚，要注意知识的连贯性；

（2）基本技术讲解要突出技术动作方法、技术环节、技术关键；

（3）技术练习中要讲解练习方法、练习要求、练习目的；

（4）战术练习要讲解战术结构、移动路线、发动时机和顺序、责任与配合。

7. 运用讲解法应注意的问题

（1）气排球术语要准确、讲解精练、言简意赅；

（2）要突出科学性、系统性、逻辑性、艺术性。

（二）直观法

直观法是指教师在教学中利用直接观看事物达到教学目的的方法。在气排球教学中，主要是通过电化教学、图解、示范等形式使学生直观感受正确的技术、战术方法、结构，从而形成正确的影像。

1. 电化教学

（1）主要利用播放气排球影像资料，比赛录像、节选或比赛集锦和制作的多媒体课件等形式，主要特点是可以使学生了解最先进的技术战术体系和最前沿的动态。

（2）利用电化教学应该注意要保证影像清晰，制作精良，要选择与教材同步的内容，技术、战术要具有代表性。

2. 示范法

（1）示范法是气排球技术、战术教学的重要方法之一。动作规范、姿态优美的示范不仅使学生能看清动作结构与动作方法，还使学生对教师产生敬慕之感，有利于模仿教师的动作进行练习。

（2）教师的每次示范内容和方法要有明确的目的性，并要求学生观看重点。

（3）示范要力求正确、熟练、协调、优美，使学生产生赞同感，从而激发学生学习的激情。在进行纠错示范时，不要盲目夸大。

（4）要结合示范内容恰当选择示范位置、角度，在运用正面、侧面或背面示范时，一定要有利于学生的观看和学生对动作的理解。

（5）在运用直观示范法时，最好与讲解法紧密结合，以提高学生的形象思维，帮助学生在直观下进一步了解该运动的内在结构。

3. 完整法与分解法

（1）完整教学法是指在教授一个气排球技术时，不分环节，进行完整教学和练习的方法，主要用于技术环节紧凑，不宜分解教学的技术教学，例如准备姿势、移动等内在结构严密的技术。

（2）分解教学法是将一个完整的气排球技术按技术环节分几部分进行教学。分解教学主要针对比较复杂、难度较大的气排球技术教学，可以按技术环节顺序进行教学，也可以先进行重要技术环节教学，再进行其他环节教学，可起到抓住重点环节，带动其他环节的效果。例如在教上手传球时，先进行击球（手形）环节教学，然后再进行准备姿势与迎球技术环节的教学，用重要环节带动一般环节。

4. 预防与纠错法

预防与纠错法是为了防止和纠正在技术、战术练习中出现错误动作所采用的教学方法。在学习和掌握技术动作时，都会不同程度地出现错误动作，如果不及时预防和有效纠错，就会导致错误动作的形成。因此，预防与纠错法在技术教学中非常重要。

（1）预防法

预防法是指教师在教学过程中所采取的有效预防错误动作的方法和手段。因此，教师要认真备课，深入研究错误动作产生的原因、规律，采用预防法可防患于未然。在运用预防法中，教师的教学经验起重要作用。

（2）纠错法

纠错法是指针对学生在技术、战术练习中个人或集体出现的错误动作所采取的有针对性的纠正方法。常用的纠错法主要采用正误对比法、矫正法、降低难度法、限制法等。

5. 口诀法

口诀法是教师实践中根据气排球技术动作的结构和特点而编成的顺口溜或歌。特点是易记、易懂，可激发学生的学习兴趣。特别是对初学者，具有积极作用，例如双手垫球，判断准确来球低，快带跨步重心移；臀部下落伸手臂，"一插二夹"肩提起。正面扣球，看球助跑莫抢先，最后大步成半蹲；双脚起跳胸后展，挥臂扣球体内转；远网屈体近甩腕，高点击球靠臂腕。

6. 相似（同）技术教学法

（1）相同技术教学法是指在技术教学中，将相同两个技术环节加以分析、归纳，找出共同点，进行相互促进，提高教学效果，例如将正面上手发球技术中的击球与扣球技术击球形成先后教学顺序，可收到事半功倍的效果。

（2）将两个相似的技术分为主副内容出现在同一节气排球教学课中，形成以主带副，交替出现，例如将垫球技术教学与准备姿势、移动技术教学相结合，以垫球为主，准备姿势与移动为辅，交替出现，相互促进。

7. 探究式教学法

（1）探究式教学法又称发现法，是指在气排球教学中，教师给予学生指导和启发，发挥学生的主体地位，让学生自己发现、思考、讨论，自觉地、主动地探索，掌握、认识和解决问题的方法和步骤，从而培养学生的探索与创新精神。

（2）教师要设计问题场景，使学生在场景中产生探究的渴望。

（3）教师要给予指导和启发，并提供信息资料，让学生充分利用已掌握的气排球理论和实践知识去发现问题、分析问题、解决问题。

（4）教师要鼓励学生大胆探索问题，充分调动学生学习的主观能动性，培养学生发现问题的习惯、解决问题的能力和创造性。

8. 程序教学法

程序教学法是一种通过结构分析将教学内容划分为不同层次，在教师指导下或在自主学习的方式下，学生按一定的层次、顺序逐一学习，以掌握气排球知识和技术、战术技能的一种教学模式。程序教学法分为直线式、分支式和将其两种形式交变运用的混合式等三种形式。

（1）直线式教学程序

直线式教学程序是按照所学知识的内在结构，将教材分成若干个有机联系的小单元进行教学。特点是上一单元的教材是下一单元教材的基础，下一单元的教材是上一单元教材的发展，两个教学单元相互关联。

（2）分支式教学程序

分支式教学程序要求将教材按水平分为若干个平行分列的教学单元，学生在这一个单元的学习中遇到困难或不能通过时可以选择另一个单元。由于这种教学程序灵活性强，适用广泛，因此更受欢迎。

第二节　气排球教学课的类型与结构

一、气排球教学课的类型

气排球教学课是气排球教学计划中的最小单位，是实现气排球教学计划的最终体现。气排球教学课主要通过教师讲解、示范、学生练习，使学生了解气排球的基本知识、掌握和巩固基本技能，或者是通过知识、技能教学达到锻炼身体，增强体质，培养学生的科学素质和人文素质的教学形式。课的类型主要有讲授课、实践课、复习课、讨论课、演示课、比赛课、考核课。

（一）讲授课

讲授课是气排球理论教学的主要授课形式，也叫气排球理论课。以教师课堂讲授为主，教学形式可结合多媒体、视听课等多种形式进行。

（二）实践课

实践课是指在场馆进行身体练习,并传授气排球技术、战术和技能的授课形式。气排球实践课通过讲解、示范、应用挂图、电影录像带、多媒体的课件形式,结合一定数量的各种练习,使学生掌握和提高气排球技术、战术的运用能力,掌握教学方法和手段,培养学生说、写、做、教以及创新能力,提高学生的综合素质。

（三）复习课

复习课是复习改进和提高已经学过的教材内容。主要任务是在教师的指导下,通过反复练习已学过的技术与战术,逐步达到巩固和提高技术战术的质量,提高学生的身体素质。

（四）讨论课

讨论课是指学生在教师的组织与引导下对气排球某一个专题进行讨论,共同交流看法,进行分析和辩论,以达到加深理解,拓展思路的效果,同时培养学生的语言表达能力和发现问题、分析问题、解决问题的能力。

（五）演示课

演示课是指应用各种电化教学手段（挂图、模型、电教片、多媒体课件）、观摩优秀学生的训练和示范以及比赛录像的一种教学方法。演示课具有强烈的真实性,能使学生加深对气排球技术战术教学内容的直观认识,提高学生形象思维的能力。

（六）比赛课

比赛课是指通过竞赛检查教学效果,提高气排球技术、战术的运用能力和交流教学经验的一种教学形式。气排球比赛课可以在规则允许和特定条件下进行,也可以针对各种单项技术和战术进行对抗能力的比赛。

（七）考核课

考核课是指通过考核检验学生真实学习成绩的一种教学形式。考核课可分为考试和考查两种形式。内容可分为气排球理论考核和技术、战术以及各种实际操作能力的考核。通过考核检验学生的实际水平与能力,也是对气排球教学过程进行控制和评价的一种方法。

二、气排球教学课的结构

气排球教学课的结构主要分为准备、基本和结束三个部分。

（一）准备部分

准备部分的任务是组织学生集中注意力，明确课的任务与要求，调动学生的积极性，使身体各器官迅速进入工作状态，为基本部分的练习做好准备。一般时长为 90 分钟的课准备部分为 10 ～ 20 分钟为宜，45 分钟的课准备部分为 8 ～ 10 分钟为宜。

（二）基本部分

基本部分的主要任务是学习和复习计划中（教案）的重要教材和一般教材。学习、改进、提高气排球技术、战术，提高身体素质，培养各种能力。基本部分在 90 分钟的课中应安排 75 分钟左右，45 分钟的课为 30 分钟左右。

（三）结束部分

结束部分的任务是有组织地结束教学活动，使学生逐渐恢复到相对安静的状态。简要地进行课的小结。本部分内容可采用慢跑、徒手放松和活动性游戏等，也可进行互相按摩或自我按摩等。结束部分的时间一般控制在 5 分钟为宜。

第三节　气排球教学组织和实施

一、组织和实施的基本内容

气排球教学的组织和实施是指为了保证课的顺利进行，提高气排球的教学质量所采取的必要措施和手段。气排球教学组织与实施主要包括课前准备工作、课的进行、课后总结工作三个部分。（图 5-3-1）

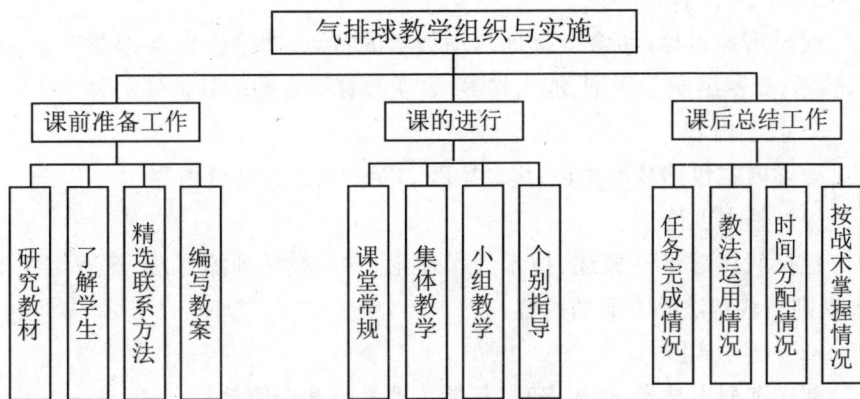

图 5-3-1　气排球教学组织与实施体系

气排球教学的组织与实施同气排球课的类型、结构一样，都是为实现气排球学科目标而服务。为此，教学中要遵循教与学的规律和特点，教师要善于启发、引导学生进行思考，总结经验，认识规律。学生要在教师的指导下充分发挥学习的积极性、自觉性、创造性。在教学和学习过程中重点突出学生的主体地位，同时肯定教师的主导作用，二者共同参与教学活动的全过程，达到高度和谐与统一，这样才能不断地提高气排球课的教学质量，为国家培养具有专业特点，全面发展的人。

二、气排球教学文件的制订

教学文件是根据国家规定的气排球课程教学指导纲要和教材，结合每个学校的教学对象、教学任务、培养目标、场地器材等实际情况而制订的是保证气排球教学工作顺利进行必不可少的教学文件，是教师进行教学工作的主要依据。教学文件主要包括教学大纲、教学进度、课时计划（教案）。

（一）教学大纲

教学大纲是按照教学计划，以纲要的形式编写的有关教学目标、教学内容和教学要求的指导性文件，是教师进行气排球教学的主要依据，也是衡量气排球教学质量的重要标准。包括下列几个方面的内容。

1. 大纲说明

主要说明制订大纲的指导思想和主要依据，包括课程目标、教学内容的学时分配、各项内容的比例、学分以及课程要求等。

2. 教学目的与任务

根据培养目标,结合气排球运动教学的特点,明确提出课程在理论、技术、战术、竞赛组织与规则、能力培养、素质教育等方面的具体任务。

3. 教学内容

教学内容包括基本理论、运动实践和能力培养三部分内容。

（1）基本理论

包括气排球运动概述、技术战术理论分析、教学训练方法、竞赛组织工作、规则与裁判法等方面的内容。

（2）运动实践

要详细列出技术、战术名称,标明主要教材和介绍教材。

（3）能力培养

要结合气排球教师必须具备的能力要素,根据培养目标和社会需求,提出具体能力培养内容。

（4）学时分配

主要包括教学总学时数以及各部分教材的授课时数与占总学时的比例。

（5）教学基本要求

教师要加强职业道德和行为规范,努力提高业务能力,不断更新教学理念,注重教学方法、手段的创新,厚德博学、教书育人。

（6）教学基本条件和基本措施

教学条件指为保证教学的正常进行所必须配备的场地、器材和相关设施。基本措施主要指为完成教学任务,确保教学质量所采取的教学组织形式、方法和手段。主要是完成教学大纲任务的组织措施和教法措施。

（7）成绩考核

成绩考核应包括考试内容、方法、标准、技评与达标的量化标准以及理论、实践和能力考核的比重等。

（8）教材参考书目

为了提高教学质量,保证教学任务顺利完成,应采用国家统编的具有权威性的气排球教材和参考书。要详细记录所采用的教材的书目。应详细规定所采用的教材和参考书。

（二）教学进度

气排球教学进度是根据气排球教学大纲提出的目的任务、教材内容、教学时数所制订的教学计划。将教学大纲所规定的内容合理地安排在教学进度表中，以便执行。教学进度不是教学内容简单的排列，它既要突出教学的重要与难点，又要考虑动作形成的规律，同时又要保证气排球运动中技术、战术教学的系统性和完整性。科学安排教学进度是提高教学质量的重要因素。制订教学进度的方法主要有阶段性螺旋式和循序性渐进式两种。

1. 阶段性螺旋式教学进度

阶段性螺旋式教学进度编排法主要将教学内容划分为紧密联系的四个阶段，每个阶段都包括基本理论、技术与战术、串联、教学比赛等内容和过程。各个阶段既相互独立又相互联系，形成承上启下、相互促进的整体。四个阶段任务不同，教学时数比重也有所侧重，按阶段逐渐递减。（图 5-3-2）

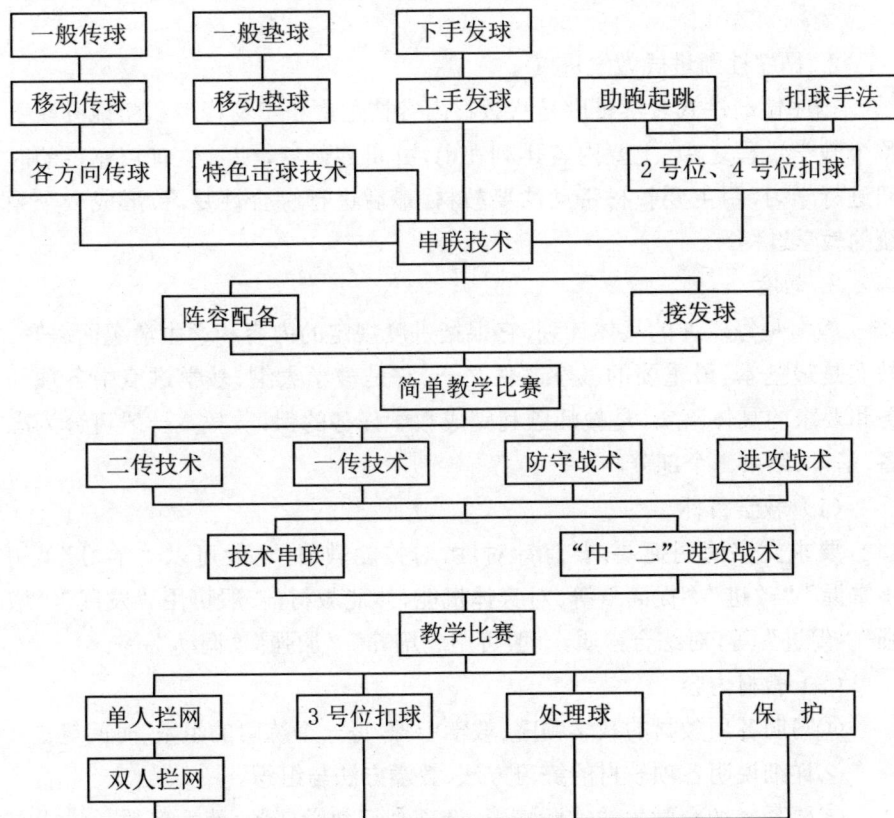

```
一般传球      一般垫球      下手发球
  │            │            │
移动传球      移动垫球      上手发球      助跑起跳      扣球手法
  │            │            │            │            │
各方向传球    特色击球技术                2号位、4号位扣球
  │            │                                │
  └──────────┴──────── 串联技术 ───────────────┘
                          │
          阵容配备                    接发球
            └────────── 简单教学比赛 ──────────┘
                          │
  二传技术      一传技术      防守战术      进攻战术
      │                                    │
  技术串联              "中一二"进攻战术
      └────────── 教学比赛 ──────────┘
                  │
  单人拦网      3号位扣球      处理球      保护
  │
  双人拦网
```

续表

```
        ┌──────────┐
        │  串联技术  │
        └──────────┘
             │
        ┌──────────┐
        │  教学比赛  │
        └──────────┘
             │
┌──────────────────┐         ┌────────────────────────┐
│ "边一二"进攻战术    │         │ 单人、集体拦网防守战术      │
└──────────────────┘         └────────────────────────┘
             │
        ┌──────────┐
        │  串联技术  │
        └──────────┘
             │
        ┌──────────┐
        │  教学比赛  │
        └──────────┘
             │
        ┌──────────┐
        │  复  习   │
        └──────────┘
             │
        ┌──────────┐
        │  考  试   │
        └──────────┘
```

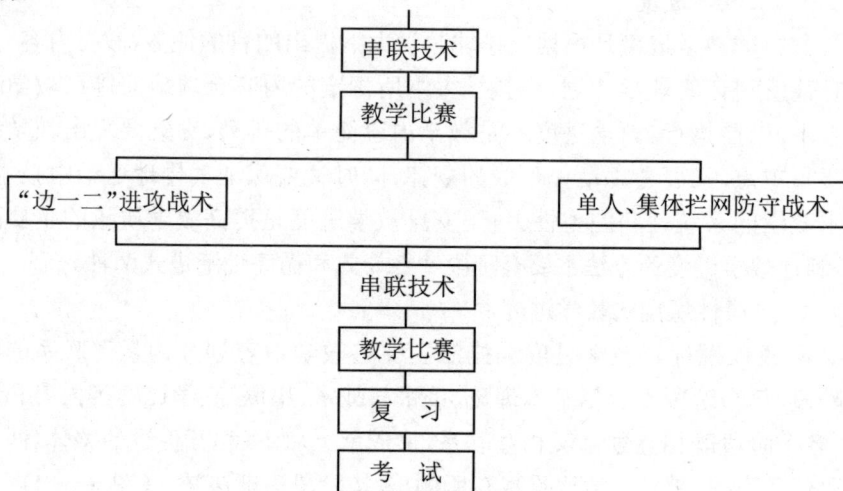

图 5-3-2　阶段性螺旋式教学进度

2. 循序性渐进式教学进度

循序性渐进式教学进度是将教材内容按主次和难易程度科学地分配于整个教学过程之中。主要内容排列在前,并贯穿始终,使学生有较充足的时间进行学习,用主要教材带动次要教材。最后进行综合性复习,形成一个系统的教学过程。

3. 教案

教案是每次课的具体计划,它根据进度规定的内容和学生情况而编写。教案是最基本、最重要的教学文件之一。它是教学大纲、教学进度中各项任务和要求的具体落实,是教师顺利完成教学任务的保证。教案一般可分为准备、基本、结束三个部分。

(1)教学目标

要求文字简明扼要,要有针对性。对技能教材,一般可以"学习""初步掌握""改进""提高"等。对身体机能、体能教材,一般可用"发展""增强""促进"等,对综合素质,一般可用"培养""加强""调动"等。

(2)教材内容

①写明各项教材的教学顺序、教学步骤,每一个练习的组数、时间等。

②详细说明各项教材的练习方法、教学方法与组织。

③要紧密切合学生的实际情况,合理制订教学任务,使大多数学生能完

成教案所规定的任务。

第四节 气排球教学能力培养

一、教学组织能力的培养

让学生组织课的准备部分

1. 气排球课的第一、第二周,由教师组织课的准备部分,并向学生讲解气排球课准备部分的结构、特点、内容、组织形式以及相关要求。

2. 指导学生撰写气排球课准备部分的教案。并将学生分成若干个小组,按点名册的顺序安排实习同学。

3. 从第三周起,学生持实习教案进行实习,教师要注意观察学生在实习中的具体情况,必要时要给予帮助。

4. 实习结束,教师要进行针对性总结。总结包括教态、口令、队列调动、内容、教案等方面的情况,并提出改进意见。

5. 实习一轮过后,可挑选出比较好的同学做准备部分的示范课,然后组织同学们讨论,形成优秀课的模式,促进共同提高。

二、讲解、示范能力的培养

1. 每次上课时,要求一名同学讲解一项技术或战术的动作方法、环节、关键。要求用语准确、逻辑清楚、简明扼要。

2. 讲解后由学生进行点评,然后由教师进行总结,并提出改进的措施和提高的目标。

3. 可以在课前、课中有计划地安排学生做示范,培养学生对示范面、示范角度、示范时机以及正误示范的能力。

三、队列、队形的调动能力培养

在气排球课中,针对不同的练习要采用不同的练习队形。为保证练习的有序性。队列的调动也是教学的重要内容之一。在实习中,学生要熟记教案中的练习队形,用操化口令调动队形,禁忌用手语调动队形。要求口令要短促有力、声音洪亮。

四、观察与分析能力的培养

观察与分析能力是气排球教师教学能力的重要标志。气排球教师如果缺乏发现问题、分析问题和解决问题的能力，就无法发现学生在学习中出现的问题。例如理论研究中出现的偏差，技术、战术练习中出现的错误动作，没有较高的分析能力，即使发现也无法纠正，更谈不到解决问题。

五、带练技能的培养

由于气排球运动的特殊性，在教学中必须采用"带练技能"这一特殊技法来辅助学生练习，例如在扣球练习中，教师要掌握连续抛球的技能；在练习后排防守时，教师要善于运用扣、打、搓、吊、抛等技法喂球。其中，技法运用的时机、力量、速度、弧度、节奏和准确性是关键。

在教学中，首先培养"小先生"。挑选基础较好的学生在练习中担当"带练技能"的实施者，以点带面，带动其他学生的"带练技能"的掌握和提高。教师要时时给予指导。

在教学中，教师要采用研究教学法，设计研究场景，提出研讨题目供学生开展研讨，由学生提出发现问题、分析问题、解决问题的思路与方法。这种教学形式可大可小，可在课堂就一种理论与观点展开研讨，也可以就一项技术或战术展开研讨，也可以召开专题研讨会。

六、气排球竞赛组织与裁判能力的培养

（一）气排球竞赛组织能力培养

1.利用理论课讲授气排球竞赛组织工作的组织办法和实施步骤，掌握气排球竞赛组织与裁判工作的具体理论与方法。

2.拟定竞赛名称，将学生分成若干个小组，分别完成竞赛组织工作的不同部分，例如制订竞赛通知、成立组织机构、竞赛规程、制订工作计划、竞赛分组表和竞赛时间表等。

3.让学生担任学校的气排球比赛的组织者，负责赛事的全部工作，增加学生的实践机会，教师要时时给予指导。

4.组织学生观看国家省、市组织的大型气排球赛事，认真观察赛会组织的全过程，认真学习和讨论赛会的秩序册，学习赛会的组织方法。

（二）气排球裁判能力培养

1. 在气排球教学中,在学习技术、战术的同时,还要掌握相应的裁判方法,例如,在掌握击球性技术时,同时要掌握好对"持球"和"连击"的裁判尺度;在讲授接发球阵型时,要掌握对"位置错误"的裁判等。

2. 在进行技术、战术运用教学中,可以将学生分成若干个小组,两个组进行教学比赛,一个组担任裁判。一局结束后相互交换进行。教师要进行点评。

3. 组织观摩大型气排球比赛的实况录像,学习和模仿高级别裁判员临场裁判的执裁能力和手势。

4. 为学生提供为地方开展的气排球比赛,以及较高级别的气排球比赛裁判的机会,不断提高学生裁判的实践能力。

5. 组织举办气排球裁判员学习班,为学生申请气排球裁判员等级提供机会。

教师要将学生能力的培养计划列入培养方案、教学大纲、教学进度和教案中。在教学中,教师要主动创造提高学生能力的机会,并及时给予鼓励与指导,理论与实践相结合,促进学生知识、能力、素质的全面提高。

第五节　如何上好气排球教学课

一、课前准备工作

课前准备工作充分与否直接影响到课程的质量与效果。课前应根据阶段训练计划及周计划并结合队员近期的具体情况,抓住重点,选好教材和训练方法,认真写好教案,熟悉教材内容,做到心中有数,然后检查场地,准备器材。

二、认真设计教案

教案是每次课的具体计划,是最基本的教学文件之一,是教师顺利完成教学任务的保证。教案中首先要明确课的任务和具体要求,写明各项教材的教学顺序、教学步骤、练习方法以及课的各部分内容和所需时间,规定每一个练习的次数和运动量以及各项组织教法工作。

三、明确课的任务

根据培养目标的要求和教学大纲、进度规定的各项具体任务,对掌握知识、技术、技能,提高身体素质,培养优良的道德作风和坚忍不拔、果敢顽强的意志品质等方面,提出明确的目标和具体要求。

任务的确定还要考虑队员的实际情况,既不要太高,也不要太低,要使大多数人经过努力能够完成。确定教学任务时,一是要有针对性,结合学生存在的问题,有的放矢地进行思想作风教育;二是要密切结合教材性质,任务要定得明确、具体,便于检查。衡量课的优劣,就要检查课的任务完成情况,特别要防止只注意提高技术而忽视思想作风和道德品质方面教育的倾向,与此同时,还要重视启发思维,加强技能培养。

四、合理安排准备活动

训练课的准备活动应根据课的任务和内容合理安排。准备活动除了为基本训练做好身体、心理等方面的准备,还要经常进行一些具有一般身体训练或专项素质的训练,选择的练习内容要与基本练习的性质相配合。在基本练习负荷量与强度都不大的技术、战术训练课中,准备活动则可多组织一些练习,安排的负荷量可大一些,以发展某些专项素质。

五、选择适当的练习内容及方法

合理安排教学课练习内容及方法,应根据该次课的任务、学生的实际水平和气排球专项的特点,在不违背教学课的结构原则和机体规律的前提下进行,练习程序应不断变更,练习方法要灵活多样。

第六节 气排球运动中体育行为的培养

气排球运动中蕴含着诸多体育行为因素,如健康、愉快的生活态度,阳光健康的心理素质,坚忍不拔的意识品质、拼搏进取的精神,良好的团队精神和协助意识,遵规守纪的社会公德,真善美的价值观等。

第五章　气排球教学能力培养

一、气排球体育行为要素分析

（一）培养竞争意识与团队精神

"物竞天择，适者生存"，竞争意识成为现代人必备的一种极为重要的素质。竞争与协作构成了人类社会活动的基本形态。随着社会经济的发展，家庭生活条件逐渐富裕，使孩子的优越感日益增强，父母对孩子意志品质的培养有所忽略，导致学生出现过于依赖心理，学习没有激情，意志薄弱，缺少拼搏的精神。气排球运动在本质上是竞争性的活动，气排球教学在一定意义上也可以说是竞争意识养成的教育。竞争是气排球运动的灵魂，没有竞争就没有超越，也就没有创新和发展。气排球运动强烈的竞争性激励着每一个参与者必须全神贯注、倾其全力地拼搏。持久的气排球运动可以养成学生强烈的竞争意识。值得注意的是，在气排球运动中，竞争是建立在团队的基础之上的，团队的竞争能力是个人竞争能力的聚合。

1. 培养竞争意识

在气排球教学中，通过设立"逐步升级"的阶段性目标，渐次达到总目标，激发学生在气排球技术、战术、体能、意识、能力等方面对新目标的不断追求，从而有助于竞争意识的形成。

通过教育引导，树立正确的竞争意识，清楚竞争的目的和意义，同时还要让学生明白只有竞争意识，而没有竞争实力也会一事无成。通过思想的引导，树立自尊、自强的学习信念。通过目标定向的方法制定目标可持续提高的效果。教师要充分了解学生情况，以学生的发展为根本出发点，由参与任务变为自我参与。教师善于利用比赛法有利于形成一个良好的竞争机制，通过比赛，学生学习的积极性和竞争意识就会被充分调动起来。

2. 培养团队精神

气排球运动是体育项目中唯一一项不与同伴配合就无法完成比赛的体育项目。一传与二传的配合、二传与扣球的配合、扣球与保护的配合等。要想获得比赛的胜利，需要依靠集体的智慧和力量，依靠目标一致、协同配合的团队精神。因此，气排球运动的集体性尤为突出。在气排球教学训练中，根据学生的运动技术掌握情况、身体素质、性别和爱好等方面因素组成学习小组，使小组成员间对学习内容的掌握程度在排序上形成一定层次的梯队，有利于互相帮教活动的开展，使学生在学习中进行交流和竞争，在竞争中提高。小组的成员相对固定，具有一定的凝聚力。在教师的引导下，展开代表小组的个人之间,小组与小组之间的竞争,使学生感受到个人命运与集体利益是紧密联系在一起的,为了集体利益,互相吸引、互相激励、团结协作、积极竞争、努力拼搏,用集体的智慧和力量取胜,培养全局观念、强烈的责任心和集体荣誉感,有利于学生团队精神的培养和提高。

（二）意志品质和拼搏精神的培养

顽强的意志品质是提高气排球训练技术、战术水平的保障。在气排球教学和训练中,一次训练课的运动量超出比赛场上运动量的几倍,一个技术动作的训练需要上百次乃至上千次的重复,一个战术配合要达到极点,更需要长年的磨炼,不仅要求学生有一定的体力和耐力,而且训练需要吃苦和克服种种困难,这就更需要学生具备顽强的意志品质。只有学生本身懂得意志品质的重要性,并主动地、自觉地严格要求自己,外因才能通过内因起作用,意志品质才能真正形成并增强。因此,在训练中要求学生克服怕苦、怕累、怕伤的思想,培养他们的顽强的意志品质和勇敢拼搏的精神,这样才能不断提高气排球技术战术水平。

在比赛中,在与对手实力相当的情况下,顽强的意志品质和拼搏的精神是取胜的关键。在大赛中,强手如林,一个球打十几个回合是常事,彼此都比较了解对手情况。面临对手实力相当,水平接近,在体力不佳的情况下,想要获得胜利必须靠顽强的意志品质和勇敢拼搏的精神去战胜对手。

（三）培养良好的品质

1. 培养遵纪守法的社会公德

经常参加气排球运动,可增强学生的组织纪律性。在气排球教学和训练中,学生要遵从教师组织的教学管理,例如,在集合、整队、队列队形调动和变换中,在技术战术教学和训练中,学生必须按教师要求的内容完成。在做游戏和比赛中,学生要有人人平等的规则观念,要懂得信守规则。这些规则意识对学生会产生潜移默化的影响,逐渐形成遵纪守法的社会公德。

2. 培养乐观的生活态度

在气排球运动的另一个层面体现的是人与人之间情感、心灵的融汇与交流。面对失败时相互安慰和鼓励,取得成绩时一起庆祝。无数次的成功与失败使他们学会懂得人生的欢乐与苦痛,建立起了面对现实积极乐观的生活态度。

3. 培养正确的世界观、人生观和价值观

树立正确的世界观、人生观和价值观,是我国思想文化建设的重要目标之一。价值观是指人们在处理普遍性价值问题上,所持的立场、观点和态度的总和,而人们在价值追求上抱有怎样的信念、信仰、理想,便构成了价值观所特有的思想内容。在气排球教学、训练和比赛中,经常会是一面是鲜花、掌声、荣誉、奖金,另一面是失败、挫折、教训,在这种矛盾和选择中,却能培养他们坦荡、豪放的胸怀,光明磊落的行为,宠辱不惊的良好心态,逐步形成正确的世界观、人生观和价值观。

二、气排球体育行为教育的方法

(一)转变观念、加强人文教育

教师是气排球的组织者,转变教师的教育教学观念,提高教师素质是对学生进行素质教育的首要条件。

1. 教育教学观

教育性体育教学认为,体育教学有两层含义:一是通过教育学习运动,二是通过运动进行教育。因此,在传授上应由以传授运动技术,提高运动技能为主要目的,只注重学生有形的外在技能的教学观念向以人为本的教育观念转化,要注重传授知识的育人性。在学习方式上由向学生填鸭式的被动学习转向启发式、研究式的主动探索,让学生乐于探索、勤于动手,形成积极主动的学习态度。

2. 对学生的评价观

传统的气排球教学训练,体能好、技术好的学生是教师眼中最好的学生,娇宠有加。反之,学生无论怎样努力,老师都会认为其愚不可及,忽视了学生的主体性,遏制了学生学习的积极性和主动性。这就要求教师要全面观察和了解学生,善于发现和挖掘学生的潜能,鼓励学生努力学习,取长补短,齐头并进,对学生的评价要建立在对学习态度、主动性、创新性、学习成绩、思想品质、生活作风、协助能力等方面的表现上。

3. 建立良好的师生关系

知识、能力、爱心是教师职业的三大要素。其中,爱学生、理解学生最重要,爱心是教育的润滑剂,是教师工作中不可缺少的道德情操,也是教师工作的主旋律。可以说,没有爱就没有教育。在爱的氛围中教书育人,能产生意想不到的效果,爱心是教师与学生心灵沟通的桥梁,是与学生情感交流的媒介,关心学生、热爱学生是教师教育教学实施的重要基础。

如果说没有爱就没有教育的话,那么离开了理解和尊重同样也谈不上教育,因为每一位学生都渴望得到他人的理解和尊重,尤其是教师的理解和尊重。在气排球运动实践时,学生经常为同样的付出却得不到同样的收获而烦恼,这时教师的理解则非常重要。粗暴的指责与训斥只能打击学生的积极性,会成为一种伤害,甚至还会产生逆反心理,而教师的理解是对学生莫大的鼓励,会使师生之间形成一种和谐的关系,会收到事半功倍的教学效果。

（二）班风的培养

班风是一个班级在长期的活动和交往中形成的共同心理倾向和精神风貌,主要包括尊师爱友、勤奋学习、关心集体、互帮互学等。班风一经形成便成为一种强大而又无形的约束力,影响着班级中的每个成员。良好的班风是一种巨大的教育力量,对全班同学起着熏陶、感染、潜移默化的作用,推动着班集体的形成、巩固和发展。班风的培养是最好的集体教育,它育人无形、潜移默化、直抵人心,从而使学生在良好的协作和交流中共同发展。

（三）学风的培养

学风是指学生在学习过程中所表现出来的精神风貌。主要包括学生的学习目标、学习态度、学习精神、学习方法和学习氛围。

教师是学风、班风建设的谋划者、决策者、组织者和执行者。教师的垂范作用是树立良好学风的关键。古人云:"学高为师,德高为范",教师的言传身教对学风、班风的建设起着潜移默化作用。教师应该通过自身的高尚品德感化学生,用自身的言行举止引导学生。

建立探究式、互动式的教学模式,与学生建立和谐、民主、平等的教学关系,使学生产生满足、愉快、互助、互学等积极的学习状态。

要树正气、树学风,鼓励学生树立认认真真、脚踏实地、刻苦钻研、勤学好问的学习态度,提倡理论联系实际、多动手、勤思考、常应用的学习方法。

教师要使学生不断获得成功的喜悦,对学生的每一次成绩的取得,每一个微小的进步,都要给予肯定,让学生时刻体会到教师的关注与期望,从而增强学生的自信,产生积极向上的强烈愿望。

第六章　气排球竞赛编排方法

气排球的普及与推广主要是通过组织比赛来进行的,其中,竞赛编排工作是比赛科学、合理、有序进行的核心工作,主要包括竞赛制度、竞赛编排与成绩计算方法。

第一节　气排球竞赛制度

竞赛制度是参赛各队间如何进行比赛的方法。选择和确定竞赛方法应根据比赛任务、竞赛时间长短、参赛队数量及场地设备等情况来决定。目前,气排球比赛主要采用循环制、淘汰制和混合制。

一、循环制

循环制是参赛各队在整个竞赛或小组赛中彼此都有相遇的机会,这种方法能比较合理地确定参赛队的名次,也能使各队有比较全面的相互交流和学习的机会。循环制主要分为单循环制、分组循环制两种。

（一）单循环制

各参赛队在全部比赛中相互比赛一次,按照比赛成绩进行排名的方法叫作单循环。一般是在参赛队不多、比赛时间充足时采用。

"贝格尔"循环制编排法是目前气排球循环制比赛制度首选的编排方法,其优点是单数队参赛时可避免第二轮的轮空队,从第四轮起每场都与前一轮的轮空队比赛的不合理现象。

1. 单循环制轮数计算方法

在循环赛中,各队都参加完一场比赛即为一轮。参赛队数为单数时,比赛轮数等于队数,如 5 个队参加比赛,则比赛轮数为五轮。参赛队数为双数时,比赛轮数等于队数减一,如 6 个队参加比赛,则比赛轮数为五轮。

2. 单循环制比赛场数计算方法

依据下面公式进行计算:

$$比赛场数 = \frac{队数 \times (队数 - 1)}{2};$$

如 6 个队参加比赛,则比赛场数计算公式为:

$$比赛场数 = \frac{6 \times (6-1)}{2} = 15 \, 场。$$

（二）分组循环制

分组循环制是将比赛队分成小组分别进行比赛的方法。通常是在参加比赛的队较多而竞赛时间较短时,为了比较合理地确定积分所采用的比赛方法,分组循环通常与交叉制、淘汰制结合使用,是目前气排球比赛经常采用的编排方法。

二、淘汰制

淘汰制分单、双淘汰制,单淘汰制是将所有参赛队按顺序排列成一定的比赛秩序,由相邻的两个队进行比赛,负者被淘汰出局,失去继续比赛的资格,胜者进入下一轮继续以相同的方式继续比赛。通过若干轮比赛,直到最后决出冠亚军为止。双淘汰制在参赛队一次比赛失败后还有一次与其他负队比赛的机会。

在气排球比赛中,淘汰制一般多与分组循环制结合使用,将在预赛中取得决赛资格的比赛队,通过交叉编排法形成淘汰制比赛对阵表。由于单淘汰制编排法极易影响群众参加活动的积极性,因此要慎用。

第二节 气排球编排方法

一、单循环制编排方法

（一）编排顺序

将参赛队按轮数计算方法制作轮数与轮次表，以 5 支参赛队为例，5 队的轮数为 5 轮，8 队的轮数为 7 轮。

确定轮数后，制作轮数与轮次表。（表 6-2-1）

表 6-2-1 队的轮数与轮次表

第一轮	第二轮	第三轮	第四轮	第五轮

进行首轮编排，如果参赛队为双数时，将参赛队数以号码形式平均分为两组，前一组号码由 1 号开始，自上而下写在左边；后一半的代号自下而上写在右边，然后用线将相对的代号连接起来。如果参赛队数是奇数，用"0"代替，形成首轮轮次表。（表 6-2-2）

表 6-2-2 5 个队首轮轮次表

第一轮	第二轮	第三轮	第四轮	第五轮
1-0				
2-5				
3-4				

（二）第二轮以后的轮转方法

第二轮以后的轮转采用"摇头摆尾"法，以表 6-2-3 为例，在进入第二轮时，首轮中的"0"由首轮次的右侧平移到左侧，称为"摇头"。"4"由右下角上移到首轮次右上角,称为"摆尾"。当"摆尾"的代号移动到新的轮次位置时,其前面的代号逆时针轮转一个位置。其余各轮以此类推,直到轮转结束。

表 6-2-3　轮转方法表

第一轮	第二轮	第三轮	第四轮	第五轮
1-0				
2-5				
3-4				

二、分组循环制编排方法

（一）抽签分组

首先设定分组数目,通过抽签将参赛队平均分成若干个(偶数)比赛小组,进行组内单循环比赛,例如 16 个队以上分为 4 组,8 个队以上分为两组。

（二）设种子队

可以将上一届比赛成绩优秀的队确定为种子队,通过抽签的方法将种子队安排在各组内,然后再用抽签的方法确定其他比赛队所在组的位置,其他编排方法与单循环制相同。

三、淘汰制编排方法示例

（一）四组交叉淘汰前八名对阵（图 6-2-4）

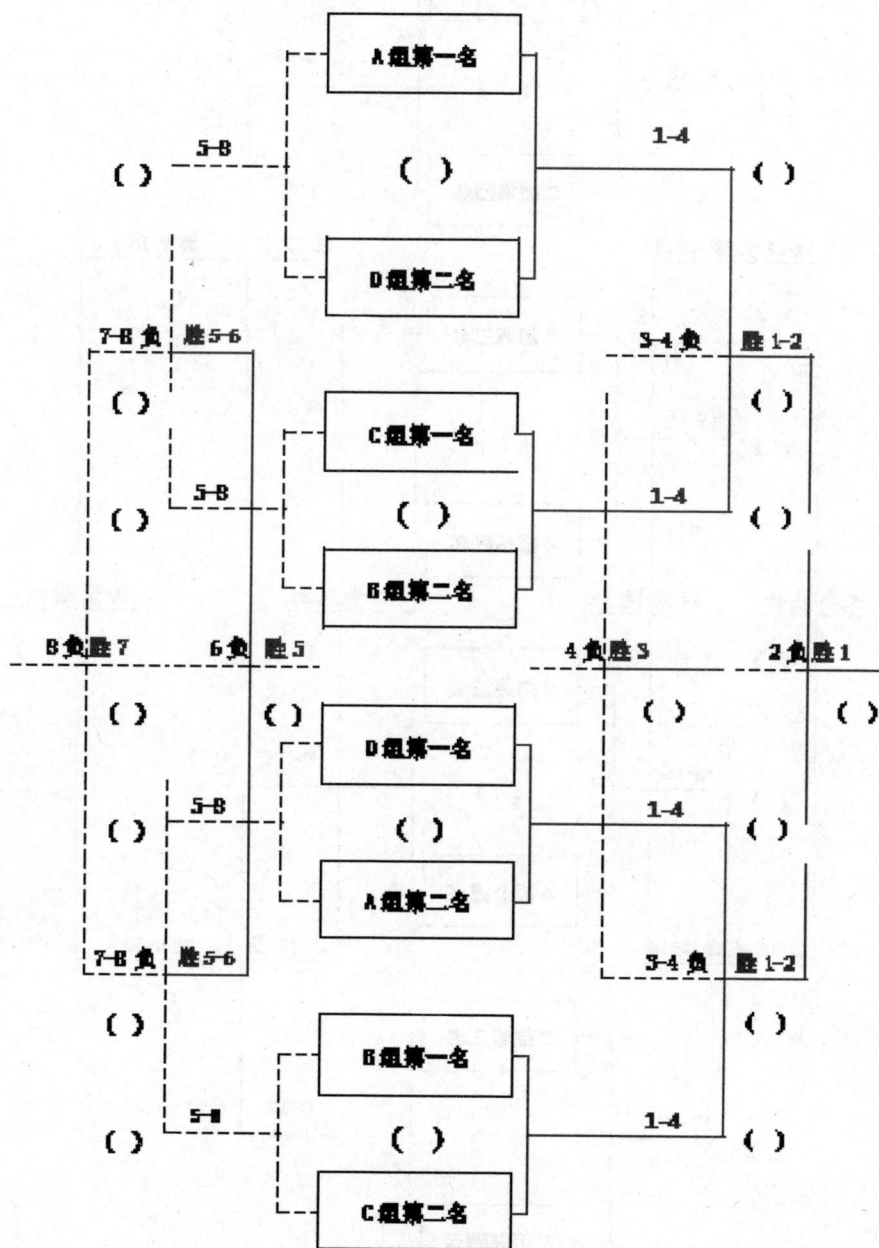

图 6-2-4

（二）四组交叉淘汰九至十六名对阵（图6-2-5）

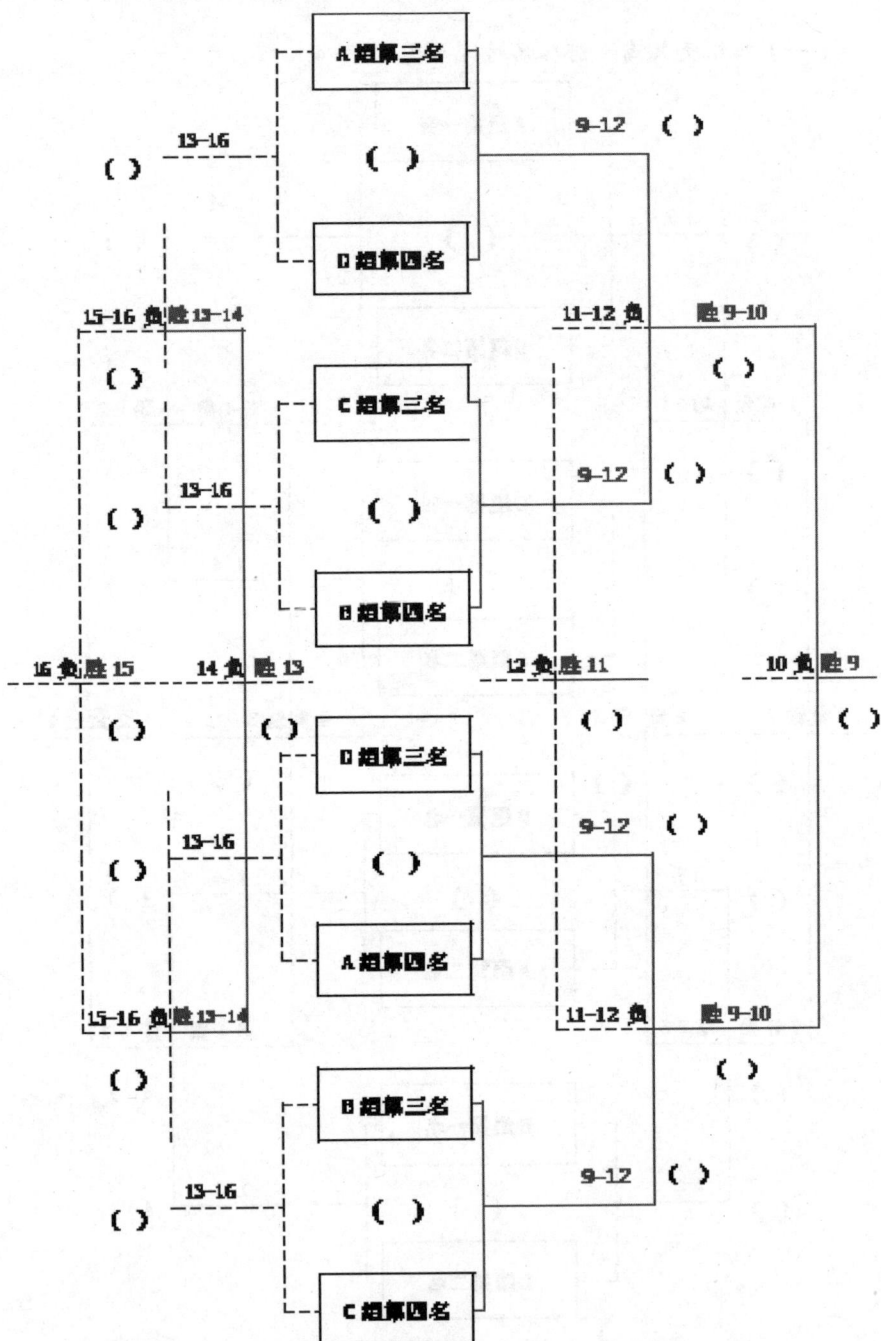

图6-2-5

（三）前八名对阵（图 6-2-6）

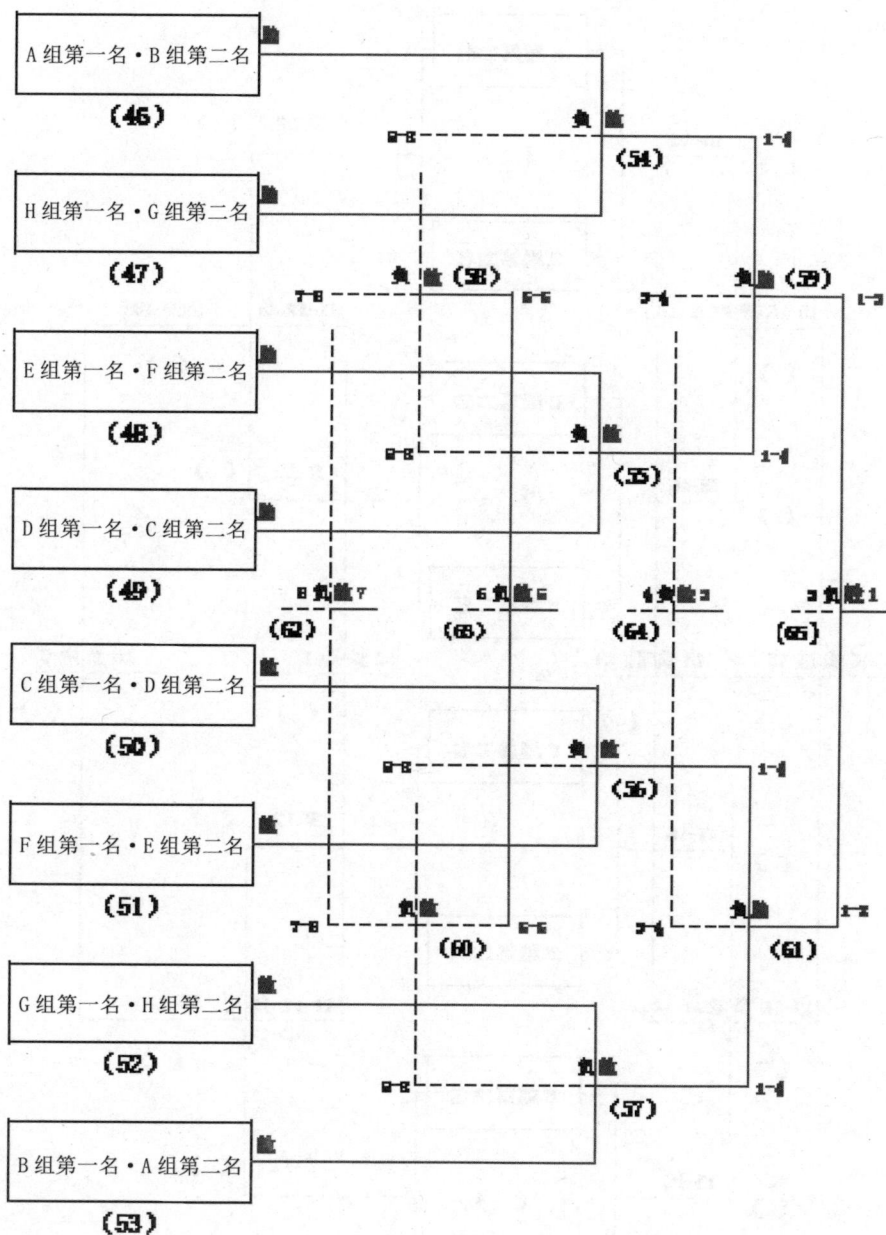

图 6-2-6

（四）八组同名淘汰九至十六名对阵（图 6-2-7）

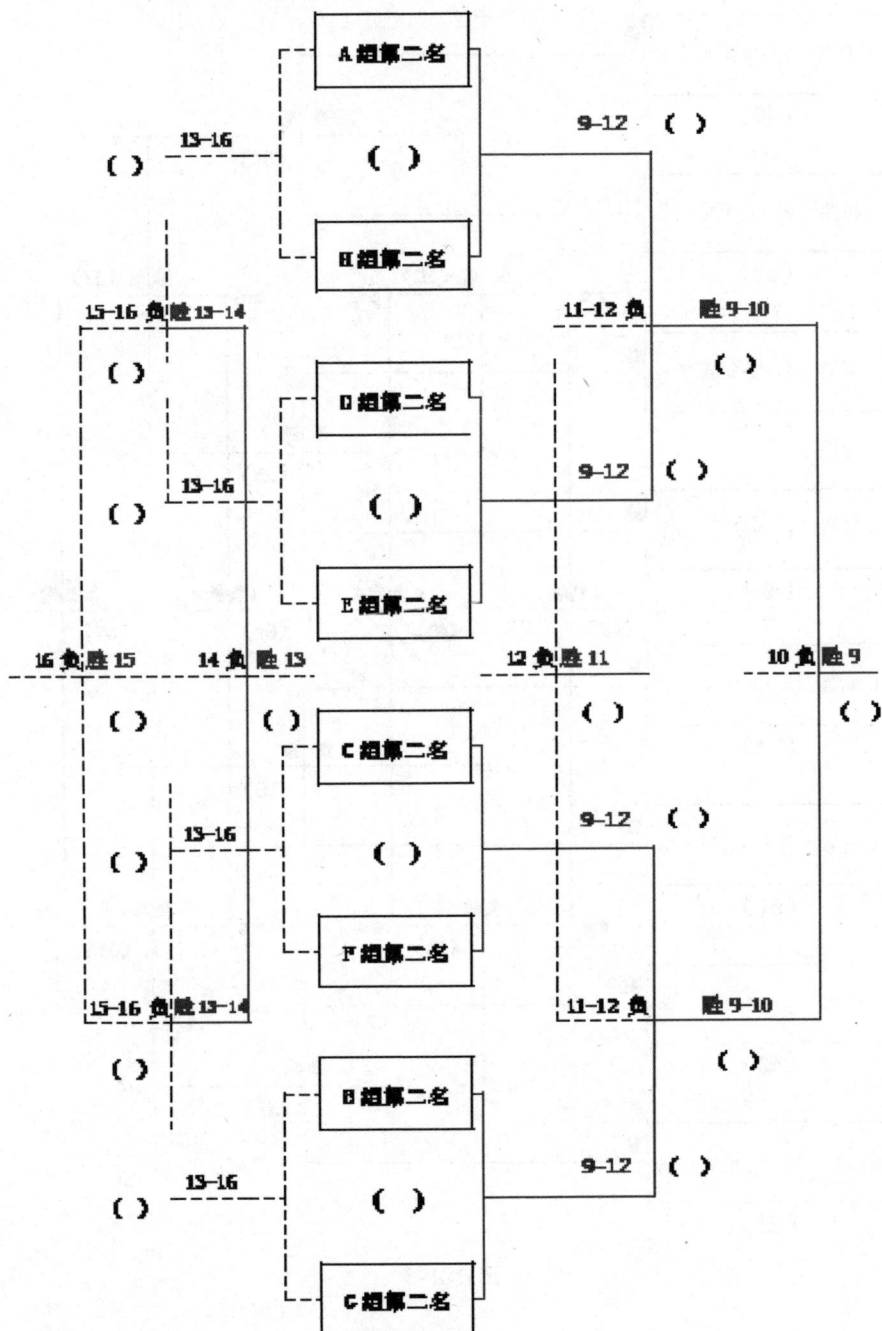

图 6-2-7

（五）八组同名淘汰前八名对阵（图6-2-8）

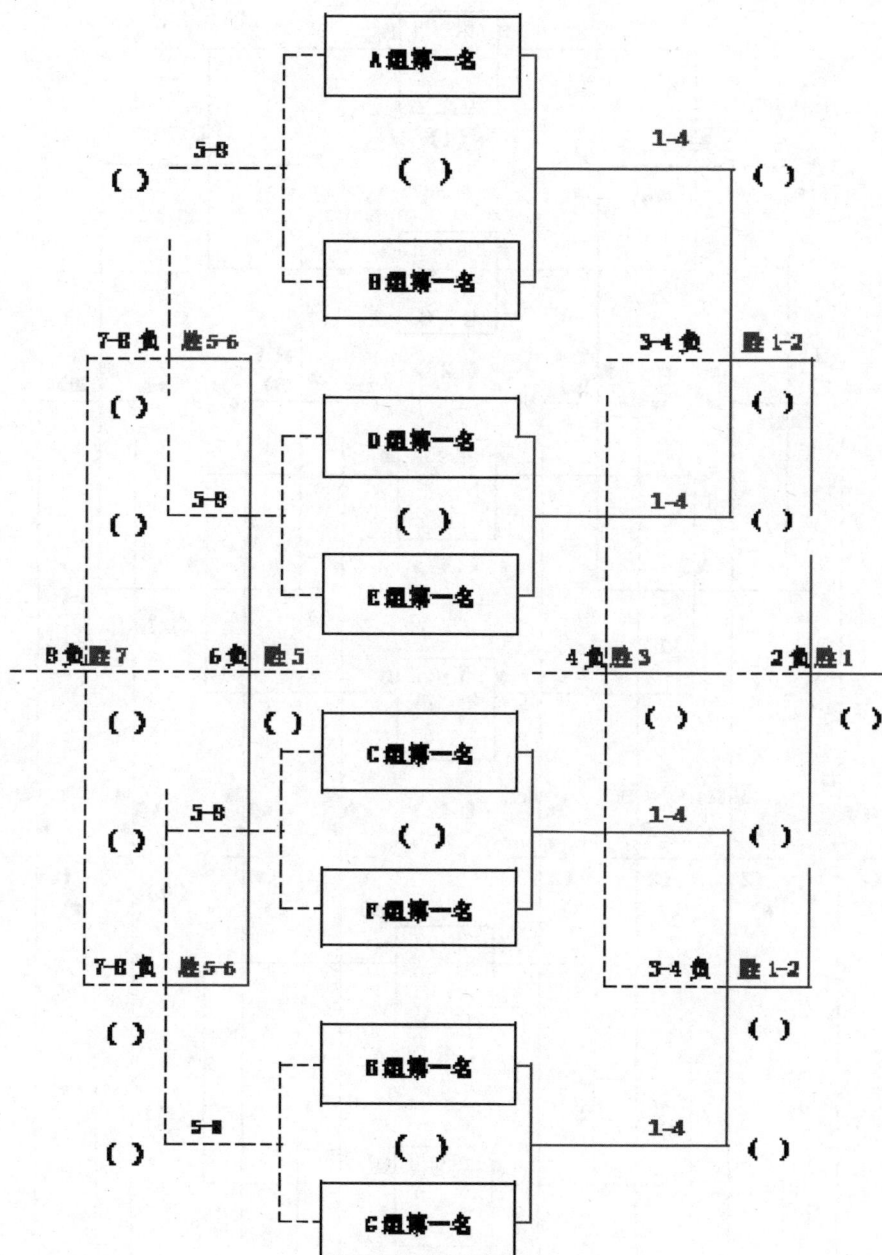

图6-2-8

（六）八组交叉淘汰前十六名对阵（图6-2-9）

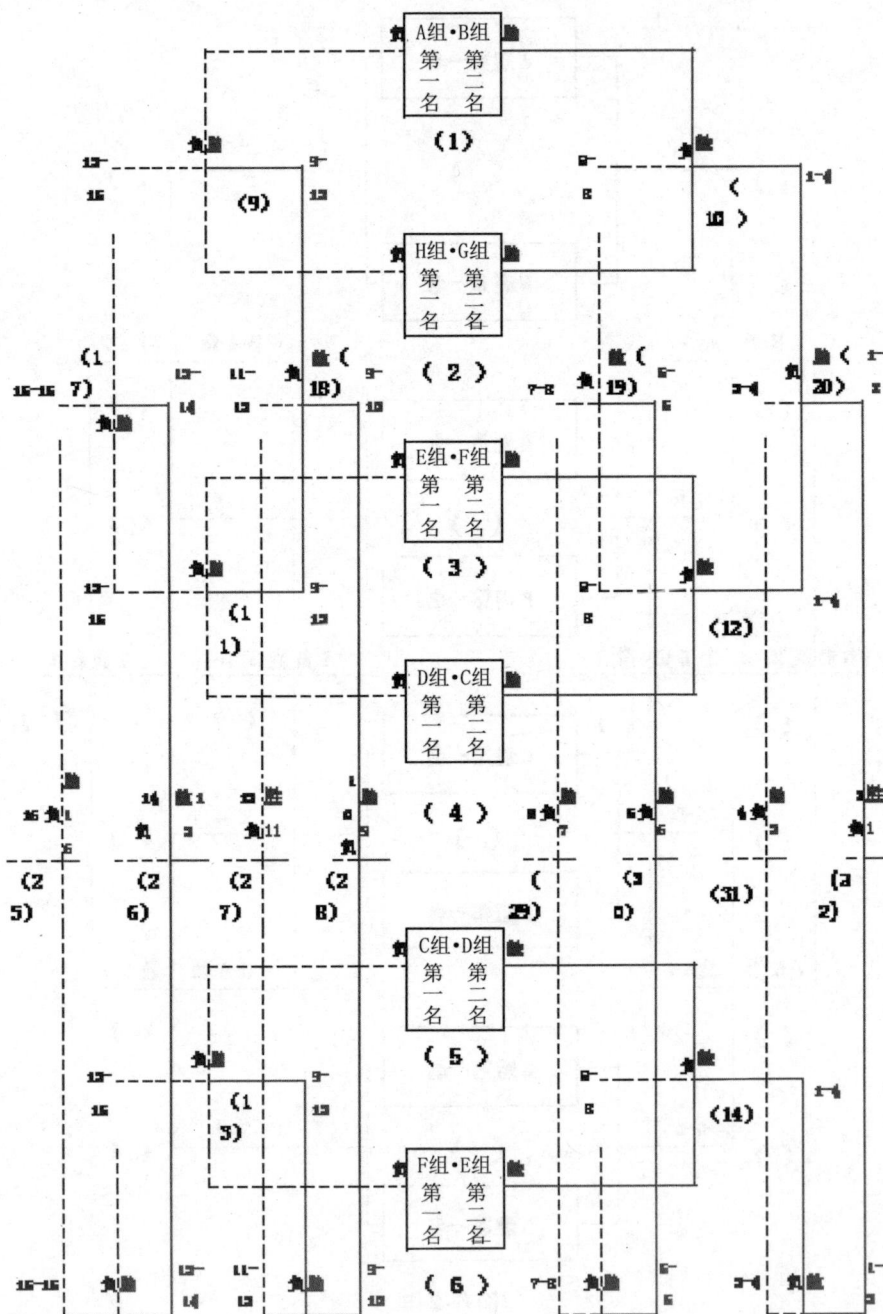

图6-2-9

续图

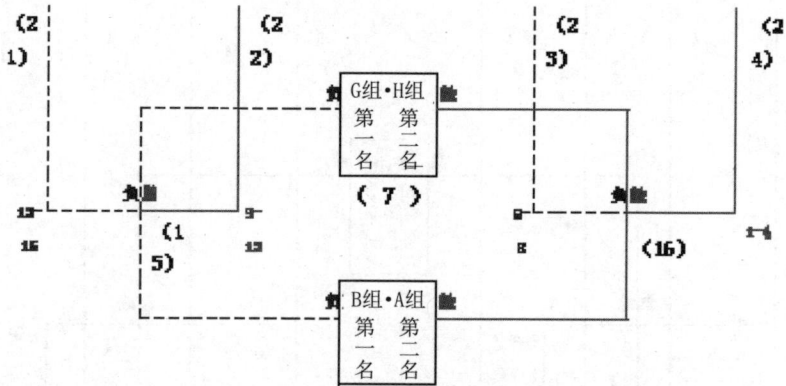

（七）八组交叉淘汰十七至三十二名对阵（图 6-2-10）

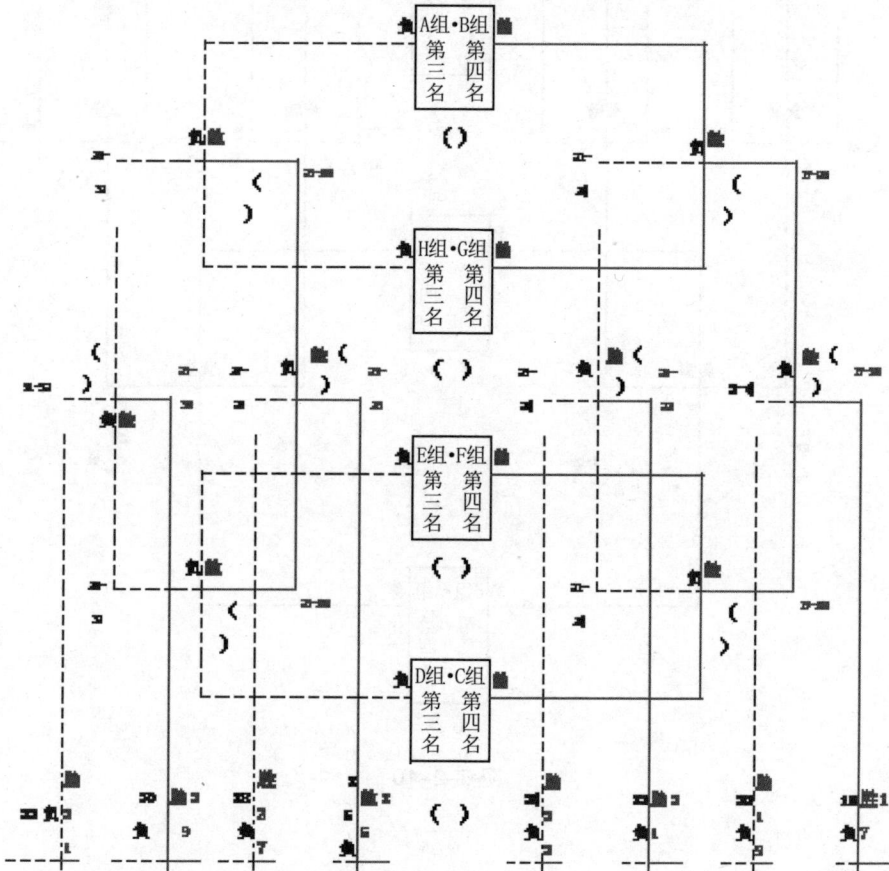

图 6-2-10

续图

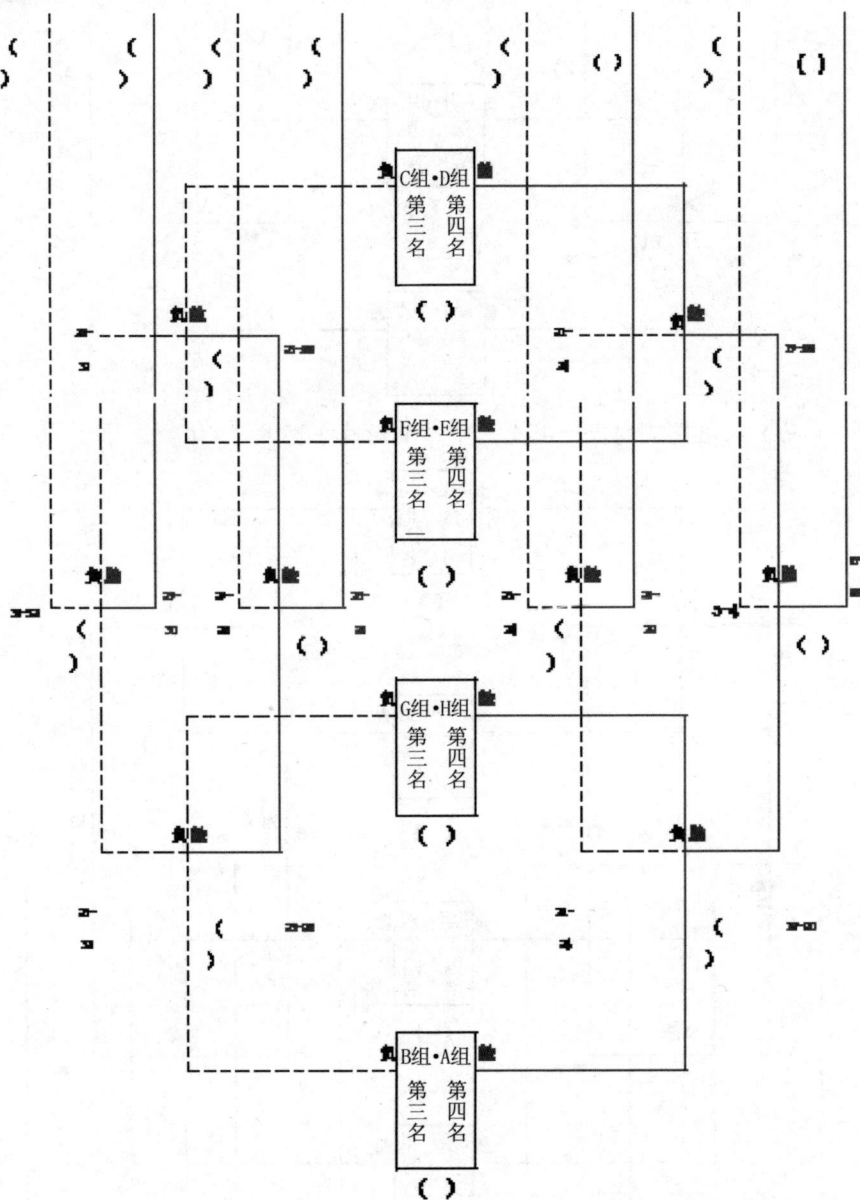

图 6-2-10

四、混合制编排方法

预赛采用分组循环,决赛采用交叉制或者淘汰制,最终决定名次的编排方法。这种编排方法符合群众体育运动的特点,既能够满足大家参加体育活动的愿望,又可以比较全面地反映出群众性体育活动的水平,是目前气排球比赛经常采用的编排方法。

五、轮数与轮次检验方法

无论比赛队是偶数还是奇数,最后一轮时,一定要"0"或最大代号在右上角,最小数在右下角。否则轮转秩序出现错误。(表 6-2-11)

表 6-2-11　轮转秩序检验表

第一轮	第二轮	第三轮	第四轮	第五轮
1—0	0—4	2—0	0—5	3—0
2—5	5—3	3—1	1—4	4—2
3—4	1—2	4—5	2—3	5—1

通过抽签确定各参赛队的顺序号,然后用队名替换代号填入"竞赛对阵表"。(表 6-2-12)

表 6-2-12　竞赛对阵表

第一轮	第二轮	第三轮	第四轮	第五轮
1队—0(轮空)	(轮空)0—4队	2队—0(轮空)	(轮空)0—5队	3队—0(轮空)
2队—5队	5队—3队	3队—1队	1队—4队	4队—2队
3队—4队	1队—2队	4队—5队	2队—3队	5队—1队

①依据竞赛对阵表添加日期、时间、场地、场次,制成竞赛日程表。

②编排时要注意的是,每日的比赛要按轮数进行,力求在场地、地区、时间及赛间休息时间等方面达到各队大体上的平衡。

六、制定竞赛日程

将比赛对阵队按顺序填写在竞赛日程表中的比赛队一栏,场次、组别、场地、时间与比赛队相对应。每日的比赛要"整轮"安排,切忌出现半轮比赛现象。(表 6-2-13)

表 6-2-13　竞赛日程表

日　期	场　次	组　别	场　地	时　间	比赛队
5月1日	1	A	1	08:00	吉林 vs 山东
	2	A	2	08:40	辽宁 vs 河北
	3	B	1	09:20	北京 vs 上海
	4	B	2	10:00	浙江 vs 河南

第三节　成绩计算及确定名次的办法

一、填写比赛积分成绩表

1. 以各队比赛记录表中确认的成绩为依据,将每场比赛的局得分、场得分填写在与比赛队对应的空格里。

2. 通过计算全部比赛得分、积分,确定每支参赛队的 C(值)和 Z(值)。(表 6-3-1)

表 6-3-1 比赛成绩记录表

A组	1队	2队	3队	4队	积分	C 值	Z 值	名次
1队		∶ ∶	∶ ∶	∶ ∶				
2队	∶ ∶		∶ ∶	∶ ∶				
3队	∶ ∶	∶ ∶		∶ ∶				
4队	∶ ∶	∶ ∶	∶ ∶					

二、积分计算方法

依据目前气排球比赛积分的惯例,在参加比赛中,每队胜一场得2分,负一场得1分,弃权取消全部比赛成绩,将参赛队在比赛中取得的全部积分进行合计,多者名次列前。

（一）积分相等时（C 值）的计算方法

如遇两队或两队以上积分相等,则采用下列计算办法确定 C 值,C 值大者列前。

$$\frac{A（胜局总数）}{B（负局总数）} = C（值）$$

（二）C 值相等的计算方法（Z 值）

采用下列计算办法确定 Z 值,Z 值大者列前。

$$\frac{X（总胜分数）}{Y（总负分数）} = Z（值）$$

（三）Z 值相等的计算方法

1. 按两者之间的胜负确定成绩。

2. 通过抽签确定成绩。

（四）填写竞赛成绩表（表6-3-2）

表6-3-2　竞赛成绩表

队名	A1	A2	A3	A4	积分	C 值	Z 值	名次
A1		$\dfrac{2:0}{42:30}$ 2	$\dfrac{0:2}{30:42}$ 1	$\dfrac{2:0}{42:28}$ 2	5	4/2=2	114/100=1.14	3
A2	$\dfrac{0:2}{30:42}$ 1		$\dfrac{2:0}{42:30}$ 2	$\dfrac{2:0}{42:19}$ 2	5	4/2=2	114/91=1.25	1
A3	$\dfrac{2:0}{42:30}$ 2	$\dfrac{0:2}{30:42}$ 1		$\dfrac{2:0}{42:2}$ 2	5	4/2=2	114/97=1.18	2
A4	$\dfrac{0:2}{28:42}$ 1	$\dfrac{0:2}{19:42}$ 1	$\dfrac{0:2}{25:42}$ 1		3			4

第七章　气排球竞赛规则临场运用解析

比赛是体育运动的主要表现形式,为了使比赛公正、公平、有序、合理,就必须制定与其相适应的参加者共同遵守的规则,同时竞赛规则也促进了运动的科学化、规范化发展。

因此,深入地研究气排球运动竞赛规则与裁判法对参加者在比赛中技术、战术的临场运用意义重大。本章以 2017—2020 年中国排球协会审定的气排球竞赛规则为执行标准,结合裁判法,对在比赛中易引发争议的典型案例进行解析,以有助于参加者对竞赛规则和裁判方法的理解与执行。

第一节　非击球行为的规则解析

一、气排球运动与排球运动竞赛规则的主要异同

气排球运动是从排球运动中衍生而来的,去繁就简,去难存易。因此,气排球运动与排球运动的竞赛规则具有较大差异。

(一)球

1. 排球

(1)重量:260～280 克;

(2)周长:65～27 厘米;

(3)气压:0.3～0.325 千克 / 平方厘米。

2. 气排球

(1)重量:120～140 克;

(2)周长:72～78 厘米;

（3）气压：0.15～0.18 千克／平方厘米。

（二）场地

1. 排球

（1）网高：2.43 米（男）；2.24 米（女）；

（2）网宽：1 米；

（3）网孔：10 厘米 ×10 厘米；

（4）网长：9.5～10 米；

（5）场地：9 米 ×18 米；

（6）进攻线：3 米。

2. 气排球

（1）网高：2.10 米（男）；1.90 米（女）；

（2）网宽：0.8 米；

（3）网孔：8 厘米 ×8 厘米；

（4）网长：7 米；

（5）场地：6 米 ×12 米；

（6）进攻线：2 米。

（三）比赛方法

1. 排球

5 局 3 胜制，每局 25 分制，决胜局 15 分制。

2. 气排球

3 局 2 胜制，每局 21 分制，决胜局 15 分制。

（四）场上人数

1. 排球

6 人制。

2. 气排球

（1）青年组 4 人制；

（2）中、老年组 5 人制。

（五）换人

1. 排球

（1）设有自由人；

（2）每局 6 人次换人，初始阵容的队员（自由人除外）可以一下一上，但必须对位换人（在合法的 6 人次内）。

2. 气排球

（1）不设自由人；

（2）5 人制可进行 5 次换人，4 人制可进行 4 次换人，不需要对位站位。

（六）场上位置关系

1. 排球

（1）4 号位、3 号位、2 号位为前排队员，5 号位、6 号位、1 号位为后排队员。

（2）同排队员存在左右越位关系，前后排队员存在前后越位关系。

2. 气排球

（1）五人制为 4 号位、3 号位、2 号位为前排队员，5 号位、1 号位为后排队员。

（2）1 号位、2 号位为同列队员，4 号位、5 号位为同列队员，3 号位没有同列的队员，所以不存在前后越位的问题。

（3）四人制为 3 号位、2 号位为前排队员，4 号位、1 号位为后排队员。同排队员存在左右越位关系，同列排队员存在前后越位关系。

（七）轮转

1. 排球

（1）如果是对方发球，本方得分，则进行一次顺时针轮转，由 2 号位队员轮转至 1 号位进行发球。

（2）如果是本方发球得分，继续由上一次发球队员发球，不进行轮转。

2. 气排球

不管是对方发球，还是本方发球，只要本方得一分，就要顺时针轮转一次（包括对方由于不良行为被判罚而本方得分）。

（八）连击与触网

1. 排球

（1）连击：在第一次击球时，允许身体不同部位在同一个动作当中，连续触球。

（2）触网：队员在不干扰对方比赛的情况下，可以触及标志杆以外的球、网绳和网柱。

2. 气排球

（1）连击：在第一、二、三次击球时允许身体的不同部位在同一个动作当中连续触球。

（2）触网：队员在任何情况下（由于对方球入球网,球网触及本方队员的身体除外）,都不可触及球网,但可以触及网绳和网柱。

（九）球过网

1. 排球

（1）网下穿越：队员在不干扰对方比赛的情况下,可以从网下穿越,进入对方空间。

（2）允许队员穿越中线进入对方场区。

（3）球通过球网：球的整体或部分从非过网区进入对方无障碍区时,队员可以在不触及对方场区的情况下,从同一侧的非过网区将球击回。

2. 气排球

（1）网下穿越：队员在不干扰对方比赛的情况下,可以从网下穿越,进入对方空间和无障碍区。

（2）队员除脚以外,身体的任何部分触及对方场区即为犯规。

（3）球通过球网：球的整体从非过网区进入对方无障碍区时,即为界外球犯规。同时,规则还规定了队员在不干扰对方比赛的情况下,可以穿越进入对方的无障碍区,但不得击球。

（十）拦发球限制

1. 排球

接发球一方不能在前场区将对方的发球以高于球网上沿的高度完成进攻性击球。

2. 气排球

接发球一方不能在全场区将对方的发球以高于球网上沿的高度完成进攻性击球。

（十一）发球限制

1. 排球

只允许一次发球的试图,一旦被抛起的球落到地面,即发球未完成,失一分且由对方发球。

2. 气排球

中青年组比赛设有一米跳球发限制线。一旦被抛起的球落到地面（未触及队员身体）,可以将球重新拾起再次发球,只是要在八秒之内发出即可。

（十二）进攻线

1. 排球

设有三米进攻线，仅对后排队员有限制作用。

2. 气排球

设有两米进攻线，对全场队员有限制作用。

（十三）比赛的间断与休息

1. 排球

（1）比赛的间断为一次或数次的间断，时间累积不超过四个小时。

（2）局间休息均为3分钟。

2. 气排球

（1）一次或数次的间断，时间累积不超过两个小时。

（2）局间休息为第一局与第二局局间2分钟，决胜局前为5分钟。

二、对触、踏比赛场地行为的规则解析

1. 比赛场区域划分

依据2017—2020年中国排球协会审定的气排球竞赛规则，气排球比赛场地分为比赛场区和无障碍区。比赛场区包括长12米、宽6米的长方形和其相垂直的至少7米高的无障碍空间，是在比赛过程中球通过的有效区域。无障碍区主要包括比赛场区周边至少2～3米的无障碍区域。（图7-1-1）

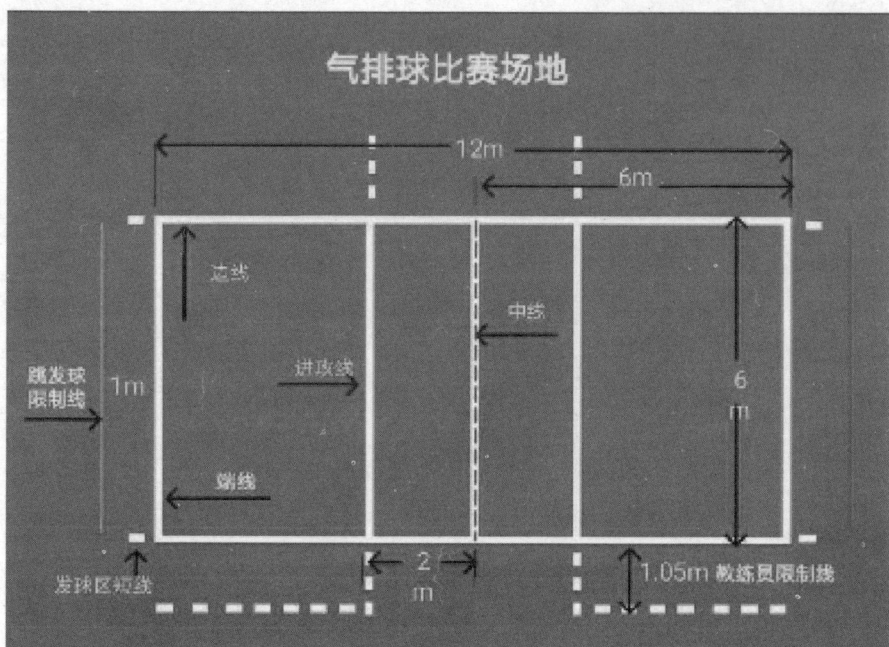

图 7-1-1

2. 比赛中触、踏场地上的线与规则解析

①比赛场区通过中线将其分为两个相等的场区,每个场区以进攻性为分界,分为前场区和后场区。

②场区设有中线、边线、进攻线、发球区短线、教练员限制线。

3. 对在比赛中触、踏比赛场区主要线段行为的解析

(1)中线

①中线是无限延长线;

②队员的整只脚和除了脚以外的身体的任何部分踏越中线及其无限延长线算违例;

③球的整体部分越过场地中线无限延长线为界外球。

(2)进攻线

进攻线是无限延长线,踏及、踏越进攻线无限延长线进行进攻性击球违例。

(3)发球区短线

发球区短线是无限延长线。发球、击球的同时,踏及、踏越发球区短线、无限线算违例。

（4）标志杆的无限延长线

标志杆是无限延长线。比赛中，球的整体部分没有从标志杆垂直上空延长线内通过，判为界外球。

三、对场上队员位置错误的规则解析

在发球队员击球时，场上队员必须按照位置表规定的位置，在本场区内按轮转次序站位。同排队员之间左右不得并列或超越，同列队员之间前后不得并列或超越，以队员的脚着地的部分为准。

不是同排、同列队员没有位置错误关系，例如4号位与1号位，3号位与1号位、5号位，无论怎样平行和超越，不构成位置错误。

在比赛中，裁判员对同排队员位置错误和发生在前场区同列队员位置错误的判罚是很严厉的，而对发生在后场区同列队员之间的位置错误是不判罚的，例如1号位队员在对方发球击球前，超越2号位到前排组织进攻，则构成位置错误。

如果在接发球时，处于前排4号位队员直线下撤到5号位接发球，与4号位同列的5号位必须要超越4号位上提到后场区中央区接发球，因此4号位、5号位构成了同列队员之间的位置错误，但是这种情况下虽然理论上构成了位置错误，但是在裁判执裁时是不判罚的。

位置错误判罚必须是在发球击球的同时观察场上队员是否构成位置错误，发球击球前、后无论队员如何站位，均不构成位置错误。

四、发球与位置错误

（1）发球队员击球犯规与对方位置错误同时发生，判发球犯规。

（2）发球队员击球后的犯规与对方位置错误同时发生，则判位置错误犯规。

五、暂停与换人

（1）每局的两次暂停与双方各一次换人可连续使用，中间无须经过比赛过程。

（2）每两次换人之间必须经过比赛过程，在一次换人中，可以换一人或多人。

第二节　击球性技术违例的判罚

一、"持球"与"连击"犯规的判罚

（一）"持球"犯规

气排球对持球的尺度放宽，并不是取消了对持球违例的判罚。特别是在运用插托球、捧球、抱球技术时，出现以下问题则判为持球犯规。

1. 在击球时出现明显停留。

2. 击球时出现动作幅度较大、缓慢的携带球动作。

3. 明显地将球抓住后抛出。

（二）"连击"犯规

1. 在击球时，出现两个动作的连续击球侧判为"连击"犯规。

2. 一个击球动作下的连续击球不可判为"连击"犯规。

二、进攻性击球

1. 除了发球和拦网外，无论采用何种击球方法，所有直接击向对方的球都是进攻性击球。

2. 构成进攻性击球犯规必须具备三个不可或缺的因素，一是踏及、踏越进攻性，二是击球点高于球网上沿，三是球过网时没有明显向上的弧度，否则不构成进攻性击球犯规。

三、拦网

（一）气排球竞赛规则中一个特殊的规定就是所有队员在进攻线前进行进攻性击球均属犯规。

（二）拦网是前排队员靠近球网，在高于球网处阻挡对方来球的行动。其中的关键词分别是"靠近球网"和"阻挡"。

（三）由于有了对进攻性击球的限制，所以前排队员在拦网时，必须严格遵守"靠近球网"和"阻挡"的两个原则，否则会将拦网动作转化为进攻性击球。

1."靠近球网"的解析

"靠近球网"在竞赛规则中没有具体的定义,根据多年的气排球运动理论实践的研究,将队员拦网时与球网的距离保持在50厘米以内比较合适,否则将视为违背"靠近球网"的原则,但是具体执裁尺度要结合比赛的实际水平。

2.将拦网动作判罚为进攻性击球的典型动作

(1)拦网触球的同时甩手臂

拦网击球时,通过甩手臂将球主动性击球下压,违反了"被动性阻挡击球"的原则,将拦网转化成了进攻性击球,裁判员将按照"进攻性击球"的相关规则进行判罚。

(2)拦网触球的同时压手腕

拦网击球时,通过甩压手腕将球主动性击球下压或改变击球方向,违反了"被动性阻挡击球"的原则,将拦网转化成了进攻性击球,裁判员将按照"进攻性击球"的相关规则进行判罚。

上述虽然在拦网时从形式上采用的是拦网动作,但在击球时违反了"靠近球网"和"阻挡"的两个原则,将拦网转变成了进攻性击球,因此,裁判员将按照"进攻性击球"的相关规则进行判罚。

(四)中、青年组比赛,允许拦网的手过网拦网,但必须在对方进行进攻性击球后才能触球,否则构成拦网犯规。

(五)老年组拦网触球时,触球点要在本方场区上空,传球后手臂、手腕可以随球过网。

(六)后排队员到网前进行单人拦网,如果没有触碰到球则为拦网试图,不构成犯规。只有触到球才可判为拦网犯规。后排队员与前排队员形成集体拦网时,如果均没有触碰到球则为拦网试图,其中一个人触碰到球,则可判拦网犯规。

三、发球

1.击球点低于球网,将对方发球直接击回对方场区,不构成拦发球犯规。

2.击球点高于球网,将对方发球直接击回对方场区,则构成拦发球犯规。